Marketing Prodotti Tipici

100 strategie e strumenti per vendere sul web

Prima edizione: novembre 2017

AUTORE: FABIO CARUCCI

© 2017 Tutti i diritti riservati ed.01

Siti:

www.marketingprodottitipici.it

www.prodottitipici.it

www.fabiocarucci.com

Tutti i marchi citati appartengono ai legittimi proprietari.

Siti e blog appaiono puramente per finalità esplicative, ogni riferimento a persone o fatti è casuale.

Le riproduzioni effettuate per finalità di carattere professionale, economico o commerciale o comunque per uso diverso da quello personale possono essere effettuate solo a seguito di specifica autorizzazione rilasciata dall'autore.

La presente pubblicazione contiene le opinioni dell'autore e ha lo scopo di fornire informazioni precise e accurate. L'elaborazione dei testi, anche se curata con scrupolosa attenzione, non può comportare specifiche responsabilità in capo all'autore e/o editore per eventuali errori o inesattezze.

Marketing Prodotti Tipici,

100 strategie e strumenti per vendere sul web

La Red Bull vende 6 miliardi di lattine in un anno, hanno il miglior prodotto del mercato oppure... sono i migliori a comunicarlo?

Oggi solo il 6% delle aziende investe nel digitale, questo comporta importanti perdite di fatturato maggiori del 23% (fonti Istat)

Che tu sia un imprenditore, un esperto di marketing oppure vuoi semplicemente scoprire le potenzialità del web per una comunicazione efficace, troverai nel libro spunti e riflessioni di esperienze testate sul campo che funzionano.

Grazie al libro Marketing Prodotti Tipici, **scoprirai 100 strategie e strumenti pratici che ho testato nel corso di 15 anni che ti consentiranno di vendere di più e comunicare in maniera efficace grazie ad internet anche con piccoli budget.**

Dopo aver letto il libro saprai:

* comunicare in maniera efficace sui social network, 'galleggiare' su Google e gli altri motori di ricerca;

* scegliere i programmi migliori per realizzare e/o potenziare il tuo sito e per promuoverlo, senza spendere soldi e perdere tempo;

* navigare nella rete, con una panoramica completa delle potenzialità a disposizione;

Le strategie di marketing, sono descritte nel libro per mezzo di una storia verosimile, il percorso di un'imprenditrice Giulia che promuovere la sua cantina tramite internet, commette tanti errori, perde tempo e soldi fin quando incontra Ottaviano che grazie all'esperienza ed una visione lungimirante, fornisce 100 strategie e strumenti per raggiungere gli obiettivi prefissati.

Nel libro scoprirai **bonus esclusivi che non troverai altrove**:

I° BONUS consigli dai maggiori esperti italiani di marketing

Ho personalmente intervistato alcuni dei principali esperti digitali del panorama Nazionale che ti consiglieranno le migliori strategie da applicare, troverai nel libro il collegamento per vedere i video.

(questi video sono un corso vero e proprio e da soli valgono il costo del libro)

II° BONUS programmi gratis da usare subito

Strumenti e tools non decretano il successo di un'attività, ma con una buona strategia ed i giusti strumenti, il successo non tarderà ad arrivare, nel libro ti indico quali programmi usare.

III° BONUS invito iscrizione gratuita prodottitipici.it

Operi nel settore agroalimentare o sei un'agenzia con clienti nel settore food e beverage?

All'interno del libro troverai l'invito per registrare gratuitamente l'azienda al sito www.prodottitipici.it, con oltre 2 milioni di visualizzazioni.

Sommario

Capitolo 1 Definisci la tua strategia ed obiettivi 1
   1) Affidati a specialisti per la strategia di marketing 3
   2) Pianifica i tuoi obiettivi e le strategie per conseguirli 5
   3) Individua fornitori, partner e servizi idonei per il tuo business ... 6
   4) Stabilisci il budget del tuo piano di comunicazione 8
Capitolo 2 Definisci il tuo piano di marketing integrato 9
   5) Disegna l'avatar del tuo cliente ideale 10
   6) Crea il tuo piano piano editoriale e di marketing 11
   7) Individua i canali di comunicazione da utilizzare 12
   8) Scopri quali leve mentali fanno acquistare i tuoi prodotti 15
   9) Costruisci l'identità della tua azienda, investi sul tuo brand 17
   10) Analizza il mercato con strumenti misurabili 18
   11) Pensa e crea un'immagine coordinata per la tua azienda 19
   12) Crea un packaging ad alto valore aggiunto 20
   13) Tutela il tuo brand, registra il marchio 21
   14) Valuta agevolazioni ed incentivi specifici per il tuo settore 22
Capitolo 3 Costruisci la tua casa digitale, il tuo sito internet 25
   15) Registra il tuo dominio, la tua casa digitale 27
   16) Pensa alla brand protection, non ti fermare all'apparenza 28
   17) Utilizza mail professionali associate al dominio 29
   18) Usa una piattaforma tipo open source per realizzare il sito 30
   19) Crea il sito web ottimizzando l'esperienza di navigazione 32
   20) Realizza il tuo sito multilingua per i clienti esteri 35
   21) Usa foto professionali ed emozionanti per i tuoi prodotti 36
   22) Aggiorna periodicamente il tuo sito con contenuti rilevanti ... 37
   23) Metti il turbo al tuo sito con i moduli aggiuntivi 38

24) Usa bottoni social per semplificare la condivisione 39
25) Verifica back-up ed aggiornamenti dei programmi che usi 40
26) Ottimizza i tuoi contenuti anche per i dispositivi mobili 41
27) Controlla la velocità del tuo sito 42

Capitolo 4 Verifica la conformità con tutte le leggi vigenti 45
28) Verifica la rispondenza delle leggi nazionali ed internazionali 46
29) Controlla la presenza sul tuo sito delle informazioni legali 47
30) Controlla la direttiva sulla privacy 49
31) Verifica la presenza dell'accettazione dei cookie 51

Capitolo 5 Agevola l'acquisto dei prodotti/servizi su più canali 55
32) Apri il tuo negozio on-line, consenti l'acquisto dal tuo sito 55
33) Scegli la piattaforma e-commerce ideale per la tua azienda 59
34) Definisci una corretta politica dei prezzi on-line / off-line 64
35) Agevola il pagamento con sistemi digitali 66
36) Valuta piattaforme di vendita come Amazon eBay 67
37) Valuta l'inserimento dei tuoi prodotti su Google shopping 68

Capitolo 6 Posizionati nelle prime pagine di Google 71
38) Ottimizza il tuo sito web per posizionarti primo su Google ... 73
39) Migliora la link building del tuo sito 74
40) Inserisci la tua azienda in portali tematici del tuo settore 75
41) Sii social oggi i veri VIP sono i tuoi clienti 79

Capitolo 7 Usa i social per comunicare con i tuoi clienti 81
42) Apri la tua pagina aziendale su Facebook 81
43) Ottimizza il tuo account Facebook 82
44) Partecipa a gruppi, valuta la creazione di un tuo gruppo 83
45) Apri la tua pagina su Google+ e Google My Business 84
46) Ottimizza la tua scheda Google My Business 85
47) Crea il tuo profilo professionale su LinkedIn 86
48) Apri il canale YouTube per comunicare con i video 87

49) Crea il tuo account Twitter, usa i diversi social 88
50) Presenta la tua azienda ed i tuoi prodotti su Instagram 89
51) Comunica con le foto, apri il tuo canale Pinterest 90
52) Condividi i contenuti, interagisci con i media del settore 91
53) Usa piattaforme integrate per la gestione dei social 92

Capitolo 8 Rimani in contatto con i tuoi clienti con la newsletter 95
54) Crea il tuo asset digitale con le mail 96
55) Costruisci la lista dei tuoi contatti, utilizza la newsletter 97
56) Scegli la piattaforma ideale per la tua newsletter 98

Capitolo 9 Utilizza campagne pay per click 99
57) Amplifica la diffusione dei messaggi con Facebook ADS 100
58) Utilizza il remarketing e retargeting per seguire i tuoi clienti 101
59) Valuta l'utilizzo della Rete Display di Google 102
60) Usa Adwords per essere primo su Google 104

Capitolo 10 Rafforza il tuo brand, crea connessioni 105
61) Stimola il 'passaparola' 106
62) Collabora con blog settoriali 107
63) Inserisci il tuo sito su directory rilevanti 108
64) Crea contenuti rilevanti, articoli, interviste, tavole rotonde... 109
65) Cura contenuti rilevanti 111
66) Pubblica comunicati stampa 112
67) Valuta la realizzazione di mini-siti satellite verticalizzati 113

Capitolo 11 Fatti notare dai tuoi clienti, emozionali 115
68) Inbound marketing crea interesse per la tua azienda 116
69) Migliora l'autorità con recensioni, premi, riconoscimenti 118
70) Collabora con gli influencer marketing 119
71) Utilizza al meglio i touchpoint, rendili più efficaci 120
72) Racconta la storia della tua azienda con lo Storytelling 121

Capitolo 12 Emoziona i tuoi clienti con elementi interattivi 123

73) Utilizza elementi multimediali ad alta interazione 124
74) Crea qr-code per rendere le tue schede prodotti 125
75) Valuta la realizzazione di una app dedicata 126
76) Crea esperienze interattive con il Marketing Proximity 127
77) Utilizza il marketing automation 128

Capitolo 13 Crea la tua rete vendita 131
78) Costruisci la rete di agenti e distributori 132
79) Crea il tuo calendario di partecipazione a fiere di settore 133
80) Trova nuovi potenziali clienti utilizzando i marketplace 135
81) Crea reti d'impresa con aziende trasversali alla tua 135

Capitolo 14 Crea stimoli all'acquisto 139
82) Utilizza le ricorrenze per vendere di più 140
83) Organizza e partecipa ad eventi per farti conoscere 141
84) Usa buoni sconto per far continuare l'esperienza d'acquisto 142
85) Favorisci il turismo enogastronomico 143
86) Crea Landing page ad alta conversione 145

Capitolo 15 Ascolta e dai voce ai tuoi clienti 147
87) La vendita non inizia quando il cliente sceglie il prodotto 148
88) La vendita non finisce quando il cliente riceve il prodotto 149
89) Dai voce ai tuoi clienti pubblica i loro commenti e foto 150
90) Crea sondaggi per capire le aspettative dei tuoi clienti 151
91) Ascolta i tuoi clienti, pensa alle loro esigenze 152

Capitolo 16 Misura le tue prestazioni e quelle dei tuoi concorrenti 153
92) Usa sistemi di monitoraggio per le statistiche del tuo sito 154
93) Verifica il posizionamento per le keyword strategiche 155
94) Monitora il tuo brand con Google Alerts 157
95) Studia la concorrenza per utilizzarla a tuo favore 158
96) Tutti i numeri che servono a portata di mano 160
97) Fai il check up del tuo sito con gli strumenti di Google 163

98) Misura il ROI, per misurare le azioni di marketing migliori.. 165
99) Aggiorna periodicamente il tuo piano di comunicazione 166
100) Testa, sperimenta, sii curioso 167
Registrazione Gratuita Aziende 169
Video Interviste dei professionisti del web 170
Ringraziamenti 171
Programmi e Servizi consigliati 173
Bibliografia 183
Il tuo parere è importante! 185

A cosa serve questo libro

Questo libro nasce dalla volontà di raccogliere attraverso una storia verosimile, il percorso di un imprenditore che vuole promuovere la sua attività tramite internet, non avendo una strategia chiaramente definita, perde tempo e soldi fin quando non trova chi grazie all'esperienza ed una visione lungimirante, fornisce 100 strategie e strumenti per raggiungere gli obiettivi prefissati.

Questa storia è quella che da 15 anni vedo spesso, troppo spesso con piccoli imprenditori con cui mi confronto giornalmente, imprenditori che con passione e dedizione rappresentano lo zoccolo duro dell'economia italiana e spesso grazie alle loro intuizioni, ci rendono orgogliosi nel mondo intero.

Raccontare le tante tematiche del marketing attraverso una storia, invece del classico manuale di marketing, consente di rendere la lettura più agevole anche a chi non è addetto al settore.

Nel corso del libro mostro sia quali sono gli errori più ricorrenti che gli imprenditori fanno, ma anche le strategie che realmente funzionano per utilizzare Internet in modo veramente efficace.

Che tu sia un piccolo imprenditore, oppure un esperto di marketing troverai nel libro spunti e riflessioni di esperienze e strategie testate che ti consentiranno di avere una visione globale e strategica dei tuoi obiettivi.

Le indicazioni e spunti presenti durante la storia, ti forniranno utili strumenti per valutare in maniera oggettiva quali fornitori e servizi possono veramente far bene al tuo business risparmiando tempo e denaro.

Capitolo 1
Definisci la tua strategia ed obiettivi

Nella regione Marche dove il mare incontra le montagne si crea un microclima che rende possibile dar vita ad un vino unico in tutto il mondo: il Verdicchio.

Piccole e grandi cantine, producono vini eccellenti, con metodi tradizionali, nel pieno rispetto dei bei modi e tempi di una volta.

In queste terre, da oltre tre generazioni, la cantina Casadivino produce un ottimo vino Verdicchio con quel colore giallo che tanto ricorda i girasoli presenti sulle colline marchigiane. Casadivino è una piccola cantina a conduzione familiare; Luigi il nonno, ormai in pensione, ha delegato Giulia e suo fratello Antonio l'intera gestione di un bel vitigno autoctono.

Giulia è un'insegnante d'inglese, mentre Antonio è completamente impegnato nelle attività della cantina. Siamo a giugno, i girasoli sorridono al sole, Giulia ed Antonio non sono contenti perché la nuova stagione di raccolta è vicina e le botti sono quasi piene della precedente vendemmia.

La loro cantina produce un ottimo vino, molto apprezzato localmente e nei mercatini della zona, ma le vendite stentano a decollare.

Dagli incassi riescono a malapena a coprire quelli che sono i costi della cantina, Giulia vorrebbe fare qualcosa per cercare di promuovere anche all'estero la cantina ed i loro vini, mentre Antonio è rassegnato, imputa le mancate vendite al periodo di crisi e quindi propone come possibile soluzione quella di ridurre ulteriormente il prezzo di vendita.

Giulia conosce molte persone sia in Italia che all'estero, spesso i suoi amici incuriositi vogliono sapere di più sulla sua cantina e sui vini che producono, chiedono il sito web dove vedere foto ed info sui prodotti, ma Giulia deve ripetutamente rispondere che ancora non ce l'hanno e lo realizzeranno a breve.

Giulia decide finalmente di realizzare il sito web e viste le difficoltà economiche si affidata ad alcuni suoi amici credendo di risparmiare.

Trascorrono settimane, mesi e finalmente dopo tanti rinvii e difficoltà Giulia è felice perché il suo sito web è pronto e pubblicato, oramai dispone di una finestra sul mondo che potrà far conoscere la loro cantina ed i loro vini.

La sera stessa Giulia, entusiasta, chiama la sua amica di Trento e le chiede di vedere il nuovo sito web della loro cantina, indica l'indirizzo Internet alla sua amica, ma scopre una brutta sorpresa, la sua amica dice che dopo aver aspettato molto tempo, riesce a vedere solo alcune parti del sito.

Giulia non dà peso a questa cosa perché sa che la sua amica Francesca non è troppo esperta di Internet e pensa che il problema sia dovuto al suo computer obsoleto.

Il giorno seguente, a scuola, durante la pausa pranzo, invita Domenico, un suo collega a visitare il suo nuovo sito con il cellulare, anche lui riesce a vedere solo in parte il sito, a questo punto Giulia capisce che il sito presenta dei problemi di visualizzazione.

La sera stessa chiama il suo amico Marco che ha realizzato il sito, un musicista che deve ancora sfondare nel panorama musicale, ma nel frattempo tra le altre cose si occupa anche di internet.

Giulia racconta a Marco le difficoltà riscontrate dai suoi amici per visualizzare il sito, Marco si impegna a risolvere i problemi quanto prima.

Nel frattempo Giulia pubblica una sua pagina Facebook, dove presenta la cantina ed i prodotti, anche qui si accorge presto che ad eccezione degli amici stretti che già la conoscono, la sola pagina Facebook non può raccontare in maniera puntuale la storia dietro la sua azienda ed i suoi prodotti.

Trascorrono le settimane, nonostante i ripetuti solleciti il sito rimane invariato, fin quando Marco parla chiaramente a Giulia dicendogli che è necessario rifare completamente il sito con le tecnologie moderne, altrimenti non sarà mai visibile in maniera corretta.

1) Affidati a specialisti per la strategia di marketing

Fare un sito web è semplice, farlo funzionare bene, renderlo uno strumento che ti fa vendere invece no. Sono necessari oltre 300 attività di verifica per avere un sito web ben fatto, queste verifiche possono essere fatte solo da personale fortemente specializzato. (vedi es. check list www.gopt.it/mpt/checklist)

Non affidarti ad amici per realizzare il tuo sito web, credendo di risparmiare butterai via soldi e tempo.

Scegli un bravo professionista, con esperienza che comunichi in maniera efficace sul web le caratteristiche della tua azienda e dei tuoi prodotti.

Prima di fare un sito web, devi avere un piano strategico e di comunicazione, solo dopo aver definito bene obiettivi, strategie e risorse, realizza il tuo sito web.

Giulia si prepara per il week-end a Verona presso la fiera Vinitaly, dove sono presenti tante altre aziende come la sua che pur producendo vini meno apprezzati dei suoi, vendono molto di più.

Giulia è la prima volta che partecipa alla fiera di Verona, immersa tra gli stand, scopre qualcosa di stupendo.

Sapeva che il Vinitaly è tra le fiere più importante a livello internazionale sul vino, ma non immaginava ci fosse tutto questo mondo e questa cultura, poiché partecipava solo a fiere locali; visita gli stand delle diverse cantine, non solo quelle marchigiane, ma anche di altre regioni, si rende conto del patrimonio che c'è in Italia e di come sia possibile visitare e conoscere il Belpaese attraverso i prodotti che lo rappresentano.

La mattina seguente Giulia partecipa ad una conferenza dove si affermano concetti che già conosceva, le potenzialità dell'Italia e del suo settore, essendo il nostro paese uno dei maggiori esportatori di vino al mondo e quello con maggior numero di prodotti certificati in Europa.

Giulia è al bar che pranza con il suo panino, persa nei suoi pensieri, quando sente una voce familiare che la chiama, riconosce subito un suo amico di vecchia data, Ottaviano.

"Ciao Ottaviano come mai anche tu qui?"

"Ciao Giulia che piacere vederti, sono qui perché da oltre 15 anni ci siamo specializzati nell'export per aziende del settore agroalimentare, utilizzando principalmente il canale internet...non potevo mancare. Tu piuttosto mi ricordo che eri molto brava a scuola, di cosa ti occupi ora? Sono curioso!"

"Mi piaceva molto il mondo accademico, dopo il liceo ho continuato gli studi ed ora sono insegnante part-time, come va di moda adesso." Sorride Giulia. "Con mio fratello gestisco la cantina di famiglia."

"Ah ecco perché sei al Vinitaly" ribatte Ottaviano, "penso che sicuramente fai molto bene, sia nella tua professione che nella gestione dell'azienda di famiglia, con le tue capacità, penso te la cavi egregiamente."

"Ottaviano ad esser sincera nonostante facciamo dei grandi vini, molto apprezzati, ti confesso che abbiamo difficoltà economiche, perché non riusciamo a vendere la nostra produzione. Sono veramente frustrata e sfiduciata, mio padre non riesce più ad essere presente come prima e mio fratello da solo, con le sue convinzioni, decisamente superate, continua a lavorare tantissimo a testa bassa, ma senza i risultati sperati."

Ottaviano lascia il suo bigliettino da visita, la invita a partecipare il giorno seguente ad un seminario che terrà sull'export di prodotti tipici, purtroppo ha già preso impegni e deve scappare, saluta Giulia con la promessa di rivedersi a breve.

Il giorno seguente Giulia, partecipa al convegno tenuto dal suo amico, appena entra nella sala ascolta e vede Ottaviano in una veste per lei completamente nuova, trova tante persone che lo ascoltano con attenzione, fissa la lavagna luminosa, dove vede proiettato uno schema organizzativo, ascolta con interesse le considerazioni del suo amico.

Ottaviano parla al pubblico:

"Considerate tutte le operazioni svolte come processi, ossia delle attività con elementi in ingresso ed in uscita, questo vi consentirà di scomporre progetti complicati in tanti piccoli frammenti facilmente gestibili.

Lo schema che vedete rappresenta i macro processi applicabili a qualsiasi realtà aziendale, le quattro fasi per raggiungere i vostri obiettivi sono: pianifica, agisci, misura, ottimizza.

Seguendo questo semplice schema sarà più semplice organizzare le vostre attività."

2) Pianifica i tuoi obiettivi e le strategie per conseguirli

Partire con il piede giusto ti fa risparmiare tempo e soldi, prima di iniziare le diverse attività di marketing, pianifica e scrivi i tuoi obiettivi, il budget disponibile, a quale nicchia di mercato ti rivolgi, questi elementi saranno indispensabili per le tante scelte strategiche che dovrai fare per il tuo progetto. Scarica un modello per pianificare i

tuoi obiettivi: www.gopt.it/mpt/pianifica

A Giulia le parole di Ottaviano fanno aprire un nuovo mondo, capisce che il sito da solo non può funzionare e che deve individuare dei partners tecnologici, per stabilire e pianificare il suo piano di marketing senza il quale continuerà a perdere tempo e soldi.

Si rende conto che tutte queste attività non possono essere fatte da un semplice studio grafico, ma è necessario rivolgersi a professionisti con una visione completa di tutti i processi.

3) Individua fornitori, partner e servizi idonei per il tuo business

La pianificazione strategica della comunicazione aziendale richiede competenze multidisciplinari sul sito, nei motori di ricerca, sui social network, solo persone con esperienza maturata negli anni riescono a fornire una visione globale delle attività necessarie per conseguire gli obiettivi prefissati.

Ottaviano conclude il suo intervento, scendendo dal palco e rispondendo alle molte domande fatte dalle aziende partecipanti al convegno.

Appena concluso, si reca da Giulia.

"Complimenti Ottaviano ho trovato veramente interessante il tuo intervento, sono convinta che sei un faro per le aziende che ti danno fiducia."

"Grazie Giulia cerco semplicemente di fare il mio meglio lavorando secondo delle strategie ben definite che nel corso degli anni ho visto funzionare; che fai pranziamo insieme?"

"Certamente, chi parla di lavoro però paga pranzo" dice Giulia scherzando.

"Sono davvero contento di averti rivista, mi piacerebbe ricambiare i tanti favori che mi avevi fatto al liceo, vorrei, se ti fa piacere, rivedere insieme il tuo piano di comunicazione, le strategie e gli obiettivi che vi siete dati per la vostra azienda, e vedere coerentemente con il vostro budget, quali margini di miglioramento ci sono," propone Ottaviano.

"Ottaviano grazie, veramente immagino tu sia impegnatissimo, ma accetto con piacere il tuo supporto perché da sola non saprei davvero come organizzarmi, anzi, per essere sincera non abbiamo affatto definito un piano strategico e neppure un budget, ma abbiamo fatto solamente un sito che ad oggi non ha ancora portato a nulla."

"Giulia quello che mi dici in realtà non mi sorprende più di tanto, conosco tante piccole realtà come la vostra, ti chiedo una sola cosa, definisci con tuo fratello quante risorse volete destinare alla vostra azienda per vendere i vostri prodotti. Riflettete bene su questo punto fondamentale perché in base a questo andremo a definire un piano di comunicazione adeguato. Fai presente a tuo fratello che è inutile continuare ad investire decine di migliaia di euro per botti ed altre attrezzature lasciando solo una piccola parte alle attività di marketing che vi consentono di vendere i vostri prodotti. È un po' come succede con l'arredo della camera da letto si pensa a tutto, si spendono migliaia di euro per il lampadario, le tende e poi la cosa più importante, il letto, è lasciata alla fine, anche se è quello dove il nostro corpo trascorre buona parte del tempo e che ci consente di essere riposati al mattino.

4) Stabilisci il budget del tuo piano di comunicazione

Alloca il giusto budget per il marketing, rappresenta il traino delle tue vendite, stabilire un budget a priori consente di pianificare in maniera strategica quante e quali risorse usare per promuovere in maniera efficace la tua azienda.

Ottaviano saluta Giulia, con la promessa di aiutarla nella comunicazione aziendale attraverso 100 strategie e strumenti che le consentirà di raddoppiare le vendite nel prossimo anno ed avere i giusti riconoscimenti del lavoro svolto.

Capitolo 2
Definisci il tuo piano di marketing integrato

Giulia trascorre il pomeriggio vagando per gli stand è contentissima perché ha rivisto il suo amico Ottaviano, ma soprattutto ora sa che nulla sarà come prima e che con la sua guida le cose andranno sicuramente meglio.

Giulia racconta a suo fratello le tante cose viste al Vinitaly, l'incontro con il suo amico Ottaviano e la necessità di investire seriamente nelle attività di marketing e che il solo sito web così com'è non porterà nessun risultato significativo.

Dopo un lungo confronto Giulia e suo fratello concordano il budget da allocare al piano di marketing, viste anche le attuali difficoltà economiche decidono che investiranno per il momento 500€ al mese per 12 mesi, sanno che è una piccola cifra per realtà organizzate ma per loro è comunque un impegno importante.

Il giorno seguente Giulia riceve una telefonata da Ottaviano.

"Ciao Giulia come stai?"

"Bene, grazie Ottaviano per il tempo che mi dedichi non era necessario, con mio fratello abbiamo definito un budget che sappiamo essere limitato ma al momento non riusciamo ad impegnarci di più."

"Ottimo l'importante è sapere quali sono le risorse necessarie per ripartirle in maniera ottimale, la prossima settimana devo venire nelle Marche ad Ancona a trovare un mio cliente, ti chiedo se riesci nel frattempo a definire quanto più precisamente possibile i tuoi clienti, definendo un avatar."

"Cos'è un Avatar?" chiede Giulia.

"Per poter vendere in maniera efficace i tuoi prodotti ed impostare la corretta strategia, dobbiamo conoscere esattamente quali sono i tuoi potenziali clienti, per questo motivo immagina il tuo avatar, ossia una figura tipo che rappresenta il tuo cliente ideale.

Immaginalo con il maggior numero di dettagli possibili, il sesso, l'età la residenza, le preferenze, la capacità di acquisto. Quando imposteremo le nostre comunicazioni a prescindere dal media utilizzato, terremo sempre in mente l'avatar, sarà fondamentale per orientare la campagna di comunicazione e la strategia commerciale in maniera ottimale, mi raccomando è importante, dedica del tempo a questa attività e scrivilo su un foglio, ci vediamo la prossima settimana."

5) Disegna l'avatar del tuo cliente ideale

Immagina il tuo avatar con tutti i dettagli possibili:

il sesso, l'età, la residenza, le preferenze, la capacità di acquisto.

Giulia nei giorni seguenti applica alla lettera quanto indicato da Ottaviano gli scrive una mail con tutte le informazioni che avevano concordato, l'obiettivo da conseguire, il budget assegnato e tutti i dettagli dell'avatar.

Dopo poche ore riceve da Ottaviano la mail che si aspettava ossia il piano di comunicazione e marketing.

"Cara Giulia, grazie per le informazioni che mi hai inviato, ora con questi elementi ho preparato il piano di comunicazione e marketing che trovi in allegato. Ho elaborato un piano semplificato ed ottimizzato per la tua realtà aziendale, raddoppiare le vendite rispetto all'anno precedente è un obiettivo ambizioso ma sono convinto che adottando le strategie indicate sul piano riusciremo a conseguirlo."

6) Crea il tuo piano piano editoriale e di marketing

Indica con chiarezza obiettivi, tempistiche, strategie e budget assegnato. Scopri come creare il tuo piano di comunicazione in 10 passi a questo indirizzo: www.gopt.it/mpt/creapianocomunicazione

---

Come canali di comunicazione è preferibile privilegiare quelli digitali, non saremmo efficaci se utilizzassimo radio o tv, essendo mezzi di comunicazione di massa, il nostro target di clienti, distributori ed agenti è ben definito, dobbiamo focalizzare e concentrare le nostre comunicazioni come un raggio laser verso queste persone, misurando il ritorno dell'investimento.

7) Individua i canali di comunicazione da utilizzare

Non cercare di presenziare tutti i canali, le risorse di tempo ed economiche spesso non consentono di farlo. Decidi su quali canali focalizzare le tue risorse ed usali in maniera efficace.

"Lunedì quando arrivo dalle tue parti se hai tempo ci vediamo per discutere delle altre cose." Ribadisce Ottaviano

Giulia legge la mail e vede tutti gli allegati d'un fiato, si rendo conto di quali sono le enormi potenzialità del marketing per chi le sa padroneggiare bene.

Senza pensarci troppo risponde alla mail ringraziando nuovamente per le preziose informazioni, invita quindi Ottaviano a trascorrere il fine settimana nel loro agriturismo così potrà vedere di persona la realtà della sua cantina.

Ottaviano legge la mail con l'invito di Giulia, lascia il cellulare sopra al tavolo fissandolo, poi apre WhatsApp ed invia un messaggio a Giulia confermandogli che sarà da lei domenica.

Ottaviano come da accordi si presenta da Giulia il mattino presto, saluta il padre ed il fratello presi da altri lavori che stavano facendo, Giulia sale in macchina con Ottaviano così i due partono per trascorrere una giornata al mare. Lungo il tragitto i due discutono del periodo in cui andavano a scuola e delle tante storie di ragazzi che rimangono sempre impresse anche dopo anni.

Durante il tragitto Ottaviano chiede a Giulia.

"Mentre siamo per strada, volevo parlarti di alcuni aspetti che ritengo importanti per la vendita dei vostri vini, le leve mentali, sai cosa sono?"

"No non ho mai sentito parlare delle leve mentali, cosa sono, per cosa potrebbero essere utili?"

"Le leve mentali sono utili per qualsiasi tipo di attività commerciale, ma in realtà sono valide in tutti rapporti umani, gli addetti al settore li chiamano 'trigger', ossia quella scintilla che scatta all'interno delle persone e che le portano poi a prendere una decisione, nel vostro caso acquistare i vostri vini."

Ci sono tanti studiosi che hanno analizzato e studiato in maniera approfondita le leve mentali, uno dei più affermati è lo psicologo Robert Cialdini, identificando le sei regole per una comunicazione efficace e persuasiva, che sono:

-Impegno e coerenza

-Reciprocità

-Riprova sociale

-Autorità

-Simpatia

-Scarsità"

"Giulia, non voglio ammorbarti con queste cose teoriche, ma in realtà stanno alla base di tutte le comunicazioni efficaci."

"No, no, Ottaviano, anzi mi interessa moltissimo mi piacerebbe saperne di più su come ragionano le persone, dimmi qualcosa di più, è interessante."

"Si Giulia anche a me affascina questo mondo, una leva mentale è quella del principio di reciprocità che molti usano anche inconsapevolmente.

Sai quando nella tua cantina fai assaggiare un vino e le persone si sentono come se fossero in debito, quindi spesso ricambiano acquistando qualche tuo prodotto, questi sono meccanismi molto semplici ma altrettanto efficaci."

L'altra leva mentale è quella dell'autorità, l'importanza del marchio della tua azienda è fondamentale. Anche tu, quando acquisti prodotti o servizi, compri da chi conosci e da chi ti garantisce serietà, l'autorità il marchio della tua azienda, sono aspetti fondamentali che vanno sicuramente curati, lavorando nel tempo e seriamente.

Altra leva importante è la riprova sociale, ossia le persone tendono a fare e comportarsi come fanno altre persone, se ad esempio devi scegliere se cenare in un ristorante e ne vedi due, uno vuoto e l'altro pieno, probabilmente sarai predisposta a cenare nel ristorante dove sono presenti più persone, pensando che se altri hanno già fatto quella scelta, probabilmente sarà la migliore.

La riprova sociale sul web è percepita da tanti piccoli segnali, ad esempio chi parla della tua azienda, cosa dice, sei presente sui social? Quante persone ti seguono? Questi sono tanti piccoli segnali che insieme fanno la differenza.

Spesso l'analisi più complicata è quella di capire come "acquistano i nostri clienti", il motivo è semplice, siamo abituati a chiederci come fare a "vendere qualcosa" invece di pensare a "come e quando acquistano i nostri clienti", quali esigenze con i nostri prodotti e servizi possiamo soddisfare.

8) Scopri quali leve mentali fanno acquistare i tuoi prodotti

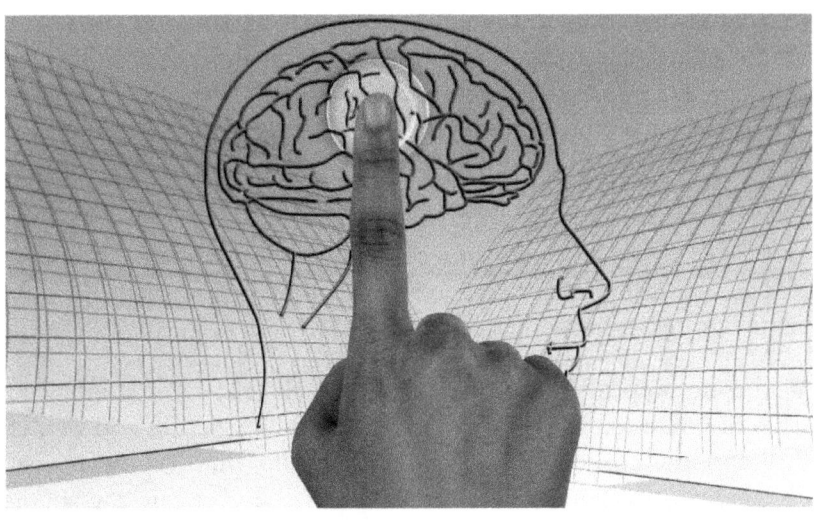

Una lettura consigliata se vuoi saperne di più è sicuramente il libro di Cialdini, disponibile all'indirizzo: www.gopt.it/mpt/armidellapersuasione

---

"Veramente interessante Ottaviano sai che non avevo pensato a queste cose, le credevo poco importanti, in realtà poi sono certa che fanno la differenza.

Guarda alla nostra sinistra c'è Loreto ti ricordi quella volta che eravamo andati con la scuola a vedere la Basilica? Bellissima come sempre."

"Si si ricordo bene, a Loreto mi ha sempre affascinato la Santa Casa, secondo un'antica tradizione è la casa di Nazareth della Madonna."

"Giulia tu cosa mi racconti, come va il lavoro, a scuola ti fanno impazzire questi ragazzi?"

"I ragazzi sono stupendi, sai non ho una cattedra fissa quindi faccio solo supplenze, ma lavorare con loro è bellissimo, hanno energia che trasmettono a chi sta vicino; sono stata fortunata perché faccio due lavori bellissimi, da una parte insegno, dall'altra aiuto mio fratello in cantina. Essere in contatto con la natura, veder realizzati prodotti fatti con le tue mani è sempre emozionante e motivo di orgoglio."

"Come ti capisco, io mi occupo di comunicazione, effettivamente è bello collaborare con tante realtà, conoscere, parlare con tanta gente, ognuno con la sua identità il suo modo di pensare e fare diverso, è veramente interessante."

"Invece Ottaviano l'altro giorno mi parlavi di identità e di brand, cosa dovrei sapere?"

"Se vogliamo si ricollega un po' a quello che stavamo dicendo, la tua identità aziendale deve essere ben posizionata nella mente dei tuoi clienti, deve essere unica e riconoscibile.

Tu ad esempio produci Verdicchio, il consiglio che mi sento di darti è quello di non estendere troppo la linea dei tuoi prodotti, con altri vini o 1000 altre cose perché nella testa delle persone devi essere specializzata, meglio essere eccellenti in poche cose che mediocri in tante.

Se fai il Verdicchio, fai un ottimo Verdicchio, non cercare di fare troppe cose fatte male, ma poche fatte bene.

Per capire quanto è importante il brand e il marchio dell'azienda, immagina solo gli investimenti che fanno in tv per poter rafforzare il loro marchio, se ci pensi bene la Red Bull fa una bevanda sicuramente non DOCG come i tuoi vini, ma vende tantissimo perché hanno un brand ben definito, è la bevanda energetica più conosciuta, come dicono loro 'ti mette le ali', questo fa sì che sono leader nel mercato in questo settore.

Quindi la qualità del prodotto è fondamentale, ma non basta, quello che conta è quello che percepiscono e come vedono l'azienda i tuoi potenziali clienti, chi fa vino anche se meno buono del tuo ma comunica in maniera più efficace, vende sicuramente di più."

9) Costruisci l'identità della tua azienda, investi sul tuo brand

Senza un brand, troverai difficoltà a vendere, trovare agenti, trovare contatti interessati ai tuoi prodotti. Costruire un Brand è difficile ma prioritario per qualsiasi azienda che vuole farsi notare

---

I due continuano a percorrere con la macchina le stupende colline marchigiane.

"Ottaviano che dici andiamo al mare al Passetto oppure preferisci andare a Mezzavalle?"

"Giulia è da tanto tempo che non vado a Mezzavalle è stupendo anche se un po' difficile da raggiungere, se per te non fa differenza io preferirei andare là."

I due arrivano a Mezzavalle e scendono a piedi il sentiero tortuoso che porta in spiaggia, dove li aspetta il monte Conero che affonda le sue rocce nel mare creando una cornice unica e surreale.

"Questo posto è stupendo Giulia, ogni volta che vengo qui è come se mi rigenerassi"

"Si, è vero Ottaviano anche a me dà la stessa identica sensazione, che dici ci facciamo il bagno?"

"Adesso vorrei rilassarmi un po' e prendere il sole, però un bel bagno dopo non ce lo toglie nessuno."

"Ottaviano stavo ripensando a quello che mi dicevi in macchina ma come faccio a capire qual è il mio mercato, quali sono i miei clienti, ora so qual è il mio avatar ma effettivamente come faccio a capire la richiesta per il mio prodotto?"

"Giulia guarda, abbiamo la fortuna di avere ottimi strumenti su Internet, economici se non addirittura gratuiti che ti aiutano a fare questo.

Quando siamo a casa ti faccio vedere sul computer Google trends grazie al quale potrai vedere ad esempio quante persone cercano la parola Verdicchio, con lo storico per mesi ed anni, confrontarlo magari con altri prodotti, questa analisi è utilissima per capire se effettivamente c'è un interesse per quello che stai proponendo al mercato, questi strumenti sono davvero potenti per poter orientare tua azienda verso un prodotto piuttosto che un altro."

10) Analizza il mercato con strumenti misurabili

Tramite Google Keyword Planner puoi verificare il volume di ricerca di parole e frasi, per poter accedere devi disporre di un account Google, puoi accedere da questo indirizzo: www.gopt.it/mpt/keywordplanner

---

"Stavo leggendo l'altro giorno un'indagine condotta dalla FIPE

(Federazione Italiana Pubblici Esercizi) dove l'85% degli intervistati ha dichiarato di non ritenersi per nulla esperto o in pochissima parte sulla scelta dei vini.

Questo significa che oltre a fare un ottimo prodotto bisogna pensarlo anche in termini comunicativi, per questo l'immagine coordinata che daremo alla tua azienda è fondamentale per poter essere percepita come di qualità sia da chi non è intenditore ma soprattutto per gli addetti al settore. L'immagine coordinata non è altro che l'aspetto grafico coerente nel messaggio, nei colori e nelle forme da utilizzare sempre in tutte le comunicazioni.

Se ad esempio il marrone scuro è il colore dominante cercheremo di riportare questo marrone sullo sfondo del sito sul logo e su tutte le altre parti in maniera tale che sia facilmente riconoscibile, anche lo stile e le forme sono da riprodurre in ogni comunicazione, se ad esempio la tua cantina Casadivino è rappresentata da un casolare, chiaramente lo andremo a riportare in tutte le comunicazioni, questo si chiama Visual Hammer (martello visuale) ed è sicuramente importante per rafforzare il marchio come dicevamo prima.

La coerenza nella comunicazione digitale è fondamentale, riporteremo il tuo brand e la tua immagine coordinata anche nella firma della mail, nei bigliettini, nelle brochure, nelle etichette e nel packaging, insomma dove si parli della tua azienda."

11) Pensa e crea un'immagine coordinata per la tua azienda

Essere memorabili è veramente difficile, ma quantomeno cerchiamo di essere

riconoscibili, per questo motivo usa la tua immagine coordinata ovunque per entrare nella testa dei tuoi clienti

---

"Sai Giulia l'altro giorno tornando a casa, pensando alla vostra cantina mi sono chiesto se avete un marchio registrato. Avete mai pensato di registrarlo?"

"No Ottaviano non abbiamo registrato nessun marchio io francamente nemmeno ci ho mai pensato, credo sia molto costoso o sbaglio."

"Registrare un marchio in realtà è molto semplice e meno costoso di quello che pensi, con qualche centinaio di euro puoi registrare il tuo marchio per l'Italia, ti consiglio di farlo perché hai diversi vantaggi, una minima tutela del tuo marchio, ma soprattutto un vantaggio commerciale, il marchio registrato, quello con la "®" per intenderci, viene percepito come qualcosa di maggior valore da parte dei consumatori, è veramente semplice farlo e di fatto ha tanti vantaggi a fronte di un investimento molto contenuto."

12) Crea un packaging ad alto valore aggiunto

Il packaging è l'abito del tuo prodotto, curalo attentamente con la stessa attenzione del suo contenuto.

"Vedi Giulia, anche la confezione ricopre un ruolo importantissimo nella definizione di strategie di marketing, per la promozione e la vendita dei tuoi prodotti.

Anche il packaging deve avere una grafica coordinata con il resto dell'azienda, a volte confezioni particolari e stravaganti possono effettivamente richiamare l'attenzione più di altre ma al tempo stesso possono essere un'arma a doppio taglio, l'originalità non sempre premia le vendite.

Anche nelle confezioni, cerca di evidenziare la tua identità aziendale, quello che ti differenzia rispetto agli altri tuoi concorrenti, questo farà la differenza quando i tuoi prodotti saranno sullo scaffale insieme a tanti altri."

13) Tutela il tuo brand, registra il marchio

La registrazione di un marchio può essere anche molto economica, valuta con attenzione questa opportunità che oltre a tutelarti ti consente di avere una leva commerciale aggiuntiva.

"Oltretutto per queste attività, come innovazione e marketing, ci sono contributi da parte di diversi enti, potresti addirittura fare questa operazione a costo zero, ti consiglio di rivolgerti al tuo commercialista per vedere se ci sono delle agevolazioni e fondi per queste attività di comunicazione."

"Grazie Ottaviano il tuo aiuto è sempre impagabile, chissà se non ti avessi incontrato, cosa avrei combinato senza di te."

14) Valuta agevolazioni ed incentivi specifici per il tuo settore

Spesso ci sono tante opportunità che semplicemente non vengono sfruttate, registrati nelle newsletter settoriali che ti notificano la presenza di sgravi fiscali ed incentivi.

"Giulia basta parlare di lavoro non si vive solo di quello, cosa mi racconti invece te?"

"Mi piacerebbe dirti che va tutto benissimo, ma in realtà potrebbe andare meglio, sai sono stata fidanzata da oltre 10 anni con Francesco, poi come a volte accade le cose non sono andate come dovevano ora sono libera con tutti i pro e contro del caso."

"Tu invece Ottaviano cosa mi racconti, a parte il lavoro che ho visto va alla grande sei un professionista molto apprezzato."

"In realtà il problema credo sia proprio il lavoro, ho avuto delle frequentazioni e piccoli rapporti ma poi essendo sempre in giro non è facile avere una relazione fissa e quindi anch'io oggi sono libero."

I due discutono per ore delle tante vicende, dei trascorsi e insieme fanno un bel bagno nel mare Adriatico e così in un batter d'occhio la giornata vola via.

Nonostante erano anni che non si vedessero, sembrava che i due fossero stati sempre vicini.

Al rientro Giulia chiede ad Ottaviano con chi doveva vedersi lunedì e per quale lavoro l'avevano chiamato.

"Guarda mi ha fatto molto piacere perché mi ha contattato la camera di Commercio, speriamo che vada a buon fine, in pratica dovrei fare interventi di marketing sulla comunicazione, in maniera più specifica sulla realizzazione di siti Internet, insomma quello che è il mio pane quotidiano.

Lunedì ho un appuntamento con la responsabile del progetto, vediamo se riusciamo a fare questa collaborazione a me piacerebbe molto perché avrei modo di relazionarmi sia con ragazzi che con imprenditori."

"Bello ma questi corsi che terrai sono liberi e quindi possono partecipare tutti, oppure sono riservati solo a tesserati?"

"La cosa interessante è che questi corsi sono aperti a tutti, quindi chiunque è interessato a queste tematiche può partecipare tranquillamente."

"Bello complimenti speriamo che vada a buon fine così potremmo vederci più spesso."

"Certo lo spero anch'io."

Capitolo 3
Costruisci la tua casa digitale, il tuo sito internet

Il giorno seguente Giulia si reca come di consueto al lavoro, mentre Ottaviano si presenta all'appuntamento presso la camera di commercio di Ancona per incontrare la responsabile che deciderà chi sarà il docente del seminario.

Ottaviano si sente stranamente emozionato perché grazie al lavoro fatto seriamente negli anni, è riuscito a farsi notare ed ora ha quest'opportunità, gli piace molto l'idea di poter tenere dei corsi di marketing e soprattutto tornare nelle Marche, anche se per un breve periodo.

In tarda mattinata concluso il colloquio, Ottaviano è soddisfatto perché ha conosciuto la responsabile del progetto, una donna intelligente con cui parlare apertamente, ma soprattutto gli hanno affidato l'incarico per gli interventi sul marketing.

La prima cosa che fa senza pensarci troppo, è inviare un SMS a Giulia dicendogli che ha ottenuto l'incarico.

Ottaviano riprende l'auto per tornare a casa direzione Verona e portare avanti i tanti lavori in sospeso, sapendo che il corso sarebbe iniziato il lunedì seguente.

La settimana trascorre velocemente, Giulia raccontata ad Antonio suo fratello le tante cose che sta imparando e come Ottaviano può essere la persona giusta per risolvere le sorti della loro cantina.

Antonio pur essendo sempre diffidente verso le nuove tecnologie, avendo visto Ottaviano anche solo per poco tempo gli concede fiducia, perché lo considera una persona seria e professionale.

Giovedì Ottaviano telefona a Giulia.

"Ciao Giulia come stai? È da qualche giorno che non ci si sente"

"Ciao Ottaviano bene grazie, stavo per chiamarti, complimenti per l'incarico, sono contenta, sei una persona in gamba te lo meriti."

"In realtà è una piccola cosa perché sono semplicemente cinque giornate, però mi fa veramente piacere, addirittura inizio la prossima settimana, lunedì; peccato che tu sarai a scuola e non potrai venire altrimenti sarebbe stato utile per gli argomenti che tratteremo."

"Dai non ci credo inizi lunedì, sai i ragazzi vanno in gita e quindi ho tutta la settimana libera, in questo modo potrò ascoltare i tuoi interventi e prendere appunti su quel che dici. Bellissimo! Quindi a che ora inizi?"

"Il corso inizia alle 14.30, se vuoi partecipare basta che compili un modulo, ti mando una mail così puoi fare la registrazione sul sito, ci vediamo direttamente ad Ancona allora."

"Ottaviano, ma perché non trascorri questo fine settimana da noi, ci farebbe veramente piacere, così anche lunedì sei più comodo invece che partire da Verona."

"Grazie, la scorsa settimana sono stato benissimo, ma devo concludere alcuni lavori altrimenti mi avrebbe fatto veramente piacere essere da voi, ci vediamo lunedì, grazie comunque buon fine settimana Giulia."

È lunedì, Giulia si reca alla Camera di Commercio alle due del pomeriggio, in ritardo rispetto all'ora che si era prefissata di arrivare, si siede sulla prima sedia libera senza neppure salutare Ottaviano, aveva letto il programma del corso che si focalizza prevalentemente sulle fasi necessarie per poter realizzare un buon sito internet; pur avendo già il sito, sa di trovare sicuramente tanti spunti utili per poterlo migliorare.

Ottaviano inizia il suo primo intervento parlando alla platea dove erano presenti oltre 50 persone, principalmente imprenditori interessati alla comunicazione digitale.

"Vi ringrazio per aver aderito a questa iniziativa, ringrazio la camera di commercio che mi ha dato questa opportunità, sono Ottaviano da oltre 15 anni mi occupo di marketing.

In questo breve corso, focalizzeremo l'attenzione su alcuni aspetti importanti della comunicazione aziendale, scopriremo come realizzare un sito Web efficace che funziona, le norme da applicare e come creare un negozio on-line.

Partiamo dal primo step necessario per poter realizzare la vostra casa digitale, il vostro sito Internet, ossia l'indirizzo del nome di dominio della vostra azienda.

Come una qualsiasi casa, dobbiamo avere un indirizzo per farci trovare, le nostre case sono localizzate in una città, un numero civico, la nostra casa digitale sarà raggiungibile in tutto il mondo attraverso un nome di dominio, un indirizzo del tipo www.nomeazienda.it.

La scelta del nome di dominio, come la scelta del luogo dove costruire la vostra casa, è strategico perché in tutte le vostre comunicazioni, che siano bigliettini da visita, cataloghi o mail, indicherete l'indirizzo del vostro sito, per questo motivo è fondamentale scegliere un nome di dominio internet strategico.

Il mio consiglio è quello di scegliere un nome che richiami chiaramente la vostra azienda, che sia quanto più breve possibile, facile da ricordare.

15) Registra il tuo dominio, la tua casa digitale

Registra un nome di dominio breve, facile da ricordare che rappresenta bene la tua azienda.

Ci sono programmi che ti aiutano a scegliere il tuo nome scoprili qui: www.gopt.it/mpt/suggeriscinome

---

Se la vostra azienda opera principalmente in Italia, suggerisco di registrare un dominio con estensione ".it", registrare un nome di dominio è semplice e può essere fatto in autonomia, però in fase di registrazione si scelgono anche altri servizi importanti per il vostro sito, come il tipo di server ed altre caratteristiche tecniche, per questo motivo vi consiglio di affidarvi ad un partner tecnologico.

Questi servizi accessori, come il tipo di server, lo spazio, il tipo di database, in realtà sono importanti perché determineranno il tipo di programma che potrete utilizzare per il vostro sito, la velocità, l'affidabilità della vostra casella mail, per questi motivi suggerisco sempre di farsi aiutare da un professionista.

Durante la fase di registrazione del vostro dominio, verificate anche la disponibilità di estensioni diverse, principalmente il ".com" che è un'estensione molto comune per i siti multilingua, se decidete ad esempio di registrare il vostro dominio come nomeazienda.it, vedete se è anche disponibile il nomeazienda.com in tal caso registratelo.

Quindi con un piccolo investimento aggiuntivo, potete tutelare il vostro brand e sarete tranquilli che altri non prenderanno un nome simile al vostro, che potrebbe in qualche maniera danneggiarvi."

L'intera platea, segue con attenzione quello che dice Ottaviano, Giulia pur avendo già realizzato il suo sito, ha acquisito nozioni nuove che sicuramente da lì a breve avrebbe potuto metterle in pratica.

16) Pensa alla brand protection, non ti fermare all'apparenza

Oltre al dominio.it verifica e prenota altre estensioni che potrebbero tornarti utili come a esempio estensioni .com e .bio

"Relativamente alla casella email quello che vi suggerisco è di evitare di utilizzare email gratuite, considerate che l'email oggi rappresentano uno dei principali strumenti di lavoro, il nome della vostra casella email sarà riportato ovunque: sul sito, nei biglietti da visita, dépliant e tutta la comunicazione.

Il mio consiglio è quindi quello di utilizzare un'email professionale associata al dominio come ad esempio info@nomedominio.it, se siete un'azienda strutturata, nel nome della casella email potrete utilizzare prefissi differenti come ad esempio commerciale@nomedominio.it, oppure usare il nome di una persona.

In questo modo la vostra azienda a prescindere che sia formata da poche unità, oppure sia molto strutturata, avrà un formato di caselle email unificate e ben organizzate."

17) Utilizza mail professionali associate al dominio

Le caselle email rappresentano uno dei principali strumenti di lavoro, soprattutto per aziende strutturate, le caselle email devono essere organizzate correttamente. Se devi gestire diverse caselle mail anche PEC, grazie all'inoltro automatico ed alle notifiche, puoi impostando una corretta configurazione, leggere tutte le mail da un solo account.

Per quanto riguarda la piattaforma da utilizzare per realizzare il proprio sito Internet, ad oggi la soluzione migliore è quella di utilizzare una piattaforma open source come WordPress, questo è il programma più diffuso al mondo per fare siti, oggi un sito su quattro è realizzato con WordPress.

Questa piattaforma vi consente di rendere il vostro sito espandibile con dei moduli aggiuntivi, aggiornare i testi e le immagini del vostro sito tranquillamente da qualsiasi postazione, basta avere un computer con un collegamento ad Internet, soprattutto siete svincolati dal vostro fornitore per l'aggiornamento dei contenuti.

Scelta la piattaforma da utilizzare per fare il sito, potete poi scegliere un modello grafico che vi piace, il modello grafico in realtà è meno vincolante perché è più semplice da cambiare anche in un secondo momento, invece la scelta della piattaforma è qualcosa di strategico che può impattare fortemente sulla vostra strategia, quindi partire con il piede giusto è di fondamentale importanza.

18) Usa una piattaforma tipo open source per realizzare il sito

Usa WordPress per realizzare il tuo sito, il programma al mondo più usato per fare siti web: www.gopt.it/mpt/usawordpress

---

"Prima di mettere fisicamente mano al sito create sempre una mappa di quelli che saranno i contenuti, questo albero dei contenuti vi aiuterà sicuramente ad avere una visione globale di quello che sarà poi il sito finale ed organizzare al meglio tutti i diversi elementi."

Giulia ascolta con interesse quello che dice Ottaviano e si rende conto che il suo sito è un sito vetrina non aggiornabile in maniera autonoma, non realizzato con WordPress, gli viene il forte dubbio che dovrà purtroppo rifare nuovamente il sito con queste tecnologie che gli consentono di poterlo aggiornare e modificare agevolmente senza aspettare l'intervento di tecnici esterni.

"Spesso quando si realizza un nuovo sito, chiediamo al fornitore di fare quello che ci piace, il sito è invece uno strumento di vendita, non deve soddisfare il nostro ego, ma deve comunicare in maniera efficace e far vendere di più, per questo motivo scegliete un professionista con esperienza che vi aiuti nella realizzazione, fatevi consigliare su quali sono le soluzioni che hanno una maggiore efficacia con maggiori risultati.

Ogni pagina del sito, deve essere pensata per far compiere un'azione all'utente che la visita.

Le azioni più comuni che vogliamo far fare al visitatore sul sito, sono quelle di farci richiedere un'offerta, richiedere informazioni mezzo mail oppure farci chiamare telefonicamente, quindi il sito, piuttosto che avere tante distrazioni ed ornamenti grafici, deve avere questi elementi chiari, essenziali, finalizzati a far compiere un'azione chiamata in gergo tecnico "Call to Action".

Oggi i siti internet sono fruibili con diversi dispositivi: pc, smartphone, tablet, assicuratevi che l'esperienza di navigazione sia ottimale a prescindere dal dispositivo usato per vedere il sito."

19) Crea il sito web ottimizzando l'esperienza di navigazione

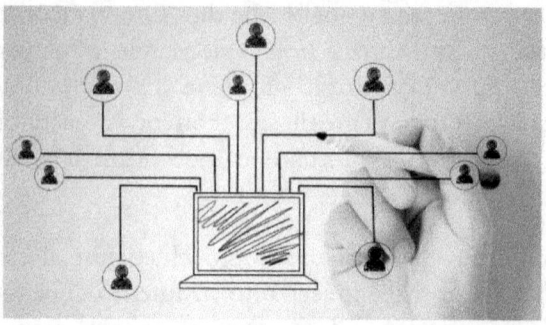

Non realizzare il sito che piace a te, fai creare un sito funzionale che piace ai tuoi clienti e ti consente di vendere di più. Puoi registrare quello che fanno i tuoi clienti sul sito anche con programmi gratuiti vedi: www.gopt.it/mpt/registraschermo

---

Giulia non credeva che dietro un semplice sito, ci fossero tanti accorgimenti e strategie per ottenere dei risultati migliori e misurabili, aspetta che Ottaviano conclude l'intervento per chiedere alcuni chiarimenti sulle tante cose ascoltate.

Ottaviano continua a mostrare al pubblico slide, fornendo utili informazioni e strategie per realizzare un sito web efficace, conclude quindi il suo primo intervento, rispondendo alle tante domande dei partecipanti che avevano ascoltato con interesse le diverse tematiche trattate.

È chiaro, dalle domande fatte da chi ha partecipato, che l'intervento è di sicuro interessante e ha fornito molte informazioni utili.

Finalmente la stanza si libera e rimangono solo Ottaviano e Giulia.

"Giulia, come sono andato? Ti è piaciuto l'intervento? Hai sentito cose utili?"

"Ottaviano non avevo dubbi sulla tua professionalità è stato veramente utile, ho visto che è stato apprezzato sicuramente da tutti, pendevano dalle tue labbra, che dispensavano consigli d'oro per chi vuole approcciarsi a questo mondo."

"Bene sono davvero contento che ti sia piaciuto, io tra poco vado a cena, questa sera, ho voglia di baccalà all'anconetana, cosa fai torni a casa o mi fai compagnia?"

"Francamente pensavo di tornare a casa, però al baccalà non si resiste, quindi accetto l'invito, basta però che pago io perché sono in forte debito nei tuoi confronti."

"Giulia non scherzare ti ho invitato io e mi fa piacere cenare insieme"

I due trascorrono piacevolmente la serata, parlano poco di Internet, ma molto delle loro vite e delle esperienze fatte, tra i due sta riaffiorando un nuovo rapporto non strettamente lavorativo, i due si salutano con un forte abbraccio. Giulia ritorna a casa ed Ottaviano rientra in hotel sapendo che domani dovrà fare il suo secondo intervento.

Ottaviano il giorno seguente si sveglia presto, perché deve concludere alcuni lavori in sospeso e soprattutto perché vuole ritornare al Passetto di Ancona, un luogo a lui particolarmente caro perché legato a tanti ricordi.

Così percorre il lungo viale che porta al passetto e scende le scale ricavate dagli scogli per arrivare alla spiaggia, in questo luogo, riaffiorano tantissimi pensieri, ma quello che più è ricorrente e dominante è Giulia, dopo tanto tempo incontrarla di nuovo lo riempie di gioia ed emozioni strane che da tempo non sentiva.

Ottaviano avrebbe trascorso l'intera giornata in spiaggia in riva al mare, ma nel primo pomeriggio deve rientrare per fare il corso di marketing.

Trascorrere questa settimana nelle Marche ad Ancona, oltre ad essere un'esperienza professionale piacevole, diventa unica perché può trascorrere piacevolmente del tempo con Giulia.

Ottaviano pranza velocemente in un chioschetto del viale, mentre passeggia, cattura la sua attenzione un libro in una vetrina sull'Internet marketing, decide così di acquistarlo per regalarlo a Giulia.

Sono le 14:30, Ottaviano è pronto ad iniziare il suo intervento, proietta gli argomenti della seconda giornata, nella quale parlerà di come realizzare un sito ottimizzato per i mercati esteri ed altre interessanti informazioni sul mondo digitale.

Nel frattempo arriva Giulia, che si siede al solito posto e saluta velocemente Ottaviano.

"Buongiorno, grazie per essere presenti anche oggi, evidentemente non vi ho annoiato troppo la volta scorsa.

Ieri abbiamo visto le parti un po' più tecniche della realizzazione del sito Internet, ossia come registrare un dominio, quale tipo di server utilizzare e la piattaforma tecnologica migliore in base alle esigenze specifiche, oggi approfondiremo la parte dei contenuti, ossia come scrivere sul sito e sugli altri canali, cosa scrivere e con quale frequenza.

In Italia ci sono oltre 30 milioni di persone connesse ad Internet, dobbiamo però farci una domanda, perché fermarsi solo ai mercati Italiani, quando Internet può rappresentare una finestra sul mondo, un trampolino per far conoscere l'azienda in tutti i mercati esteri?

Il mio suggerimento è quindi quello di prevedere fin da subito un sito multilingue, salvo casi specifici dove il mercato è puramente locale ed i clienti sono lì sul posto, con un raggio d'azione ben determinato. Se ci pensate bene anche un semplice ristorante può beneficiare di un sito multilingua, immaginate un pullman di turisti stranieri che cercano un ristorante in una zona specifica, magari in occasione di eventi, avere un sito che 'parla' la loro stessa lingua è un vantaggio competitivo enorme, che può portare grandi riscontri positivi."

20) Realizza il tuo sito multilingua per i clienti esteri

Effettua traduzioni professionali affidandoti ad agenzie specializzate, un piccolo investimento per un grande ritorno.

"Dovete cercare di instaurare una sorta di rapporto con i potenziali clienti che visitano il vostro sito, pur non parlandoci direttamente, per questo motivo, spesso, siti istituzionali creano una sorta di distanza/barriera che sicuramente non aiuta una comunicazione efficace.

Cercate di far vivere una sorta di esperienza a chi visita il vostro sito, oltre a cercare di far compiere un'azione come abbiamo visto precedentemente, dovete 'emozionare' chi visita il vostro sito.

Se ad esempio parliamo di un sito per una cantina è importante raccontare la storia, la passione, le fasi del processo produttivo che rendono possibile produrre quel vino.

Oggi abbiamo la possibilità di usare elementi multimediali come immagini, video e panoramiche a 360 gradi, utilizzatele per far vivere un'esperienza unica a chi visita il vostro sito."

21) Usa foto professionali ed emozionanti per i tuoi prodotti

Alcuni siti consentono di scaricare gratuitamente immagini ad alta qualità gratuitamente vedi: www.gopt.it/mpt/fotogratis

---

Un sito Internet non è come un libro, che una volta scritto rimane lì per sempre, il sito Internet è qualcosa di vivo, quindi deve essere continuamente aggiornato con news, iniziative, eventi, riconoscimenti e qualsiasi altra informazione che può essere utile per l'utente che lo visita. Riportate tutte le informazioni della vita aziendale, come fosse un diario aperto al pubblico, dove tutti possono entrarvi virtualmente.

Scrivere periodicamente nuovi contenuti, aiuta tantissimo a posizionare il vostro sito nei motori di ricerca, Google premia i siti dove sono presenti tanti contenuti, testi aggiornati, poiché riesce a capire la semantica del vostro sito Internet, quindi, più scrivete tutto quello che può essere attinente su di un argomento, maggiori saranno le probabilità che Google farà galleggiare il vostro sito nelle prime posizioni.

22) Aggiorna periodicamente il tuo sito con contenuti rilevanti

Per rimanere aggiornato su tematiche specifiche puoi usare aggregatori di notizie, scopri come fare su: www.gopt.it/mpt/aggregranews

---

Per posizionare nelle prime pagine di Google e degli altri motori di ricerca il vostro sito, per la piattaforma WordPress, ci sono dei moduli aggiuntivi specifici che aiutano a spingere le vostre pagine del sito nelle prime posizioni.

Uno dei più noti per posizionarsi meglio, è il modulo plugin Yoast Seo, verificate se vi è possibile che sia installato sul vostro sito, qualora non lo sia chiedete al vostro webmaster di aggiungerlo, in questo modo potrete inserire delle descrizioni aggiuntive, dei meta tag che sono letti da Google e aiutano a posizionare meglio il vostro sito Internet.

Consiglio di non utilizzare troppi moduli perché ne esistono veramente a migliaia, però alcuni, quelli principali, devono essere presenti sul sito; questo sicuramente darà maggiore efficacia alla comunicazione della vostra azienda.

23) Metti il turbo al tuo sito con i moduli aggiuntivi

Scopri i moduli standard usati comunemente sui siti wordpress: www.gopt.it/mpt/moduliaggiuntivi

---

"Un altro elemento che non può mancare, è quello per la condivisione sui social network, dei bottoncini del mi piace e condividi, sia per Facebook che per Twitter che per altri social network.

Questi elementi, oltre ad essere utili come abbiamo detto come riprova sociale, mostrano ad esempio nel box di Facebook quali vostri amici hanno già cliccato mi piace, rendono più semplice la condivisione degli articoli delle pagine, sono di fatto una sorta di pubblicità, di passaparola digitale gratuito. Mettete quindi il bottone condivisione social."

Ottaviano a questo punto sospende l'intervento per poter fare un coffee break con tutti i partecipanti.

Giulia si avvicina ad Ottaviano per parlare ma viene anticipata da una ragazza bionda avvenente che blocca Ottaviano.

24) Usa bottoni social per semplificare la condivisione

Ci sono servizi che consentono di pubblicare facilmente ed agevolmente i bottoni social sul sito, scoprili a questo indirizzo: www.gopt.it/mpt/bottonisocial

---

Giulia attende ancora un po' per parlare con Ottaviano, ma vede che i due sono presi a discutere non si sa bene di cosa, allora stizzita riprende il suo posto a sedere perché a breve riprenderà il corso.

Ottaviano riprende l'intervento parlando di una tematica a lui cara, la protezione dei dati.

"Abbiamo visto come costruire la nostra casa digitale, il nostro sito internet, come renderlo accattivante con contenuti unici, belle foto, ma c'è un rischio concreto che è quello di perdere tutto, in pochissimo tempo!"

Esclama Ottaviano ad alta voce.

"Si come un casa deve essere assicurata in caso di eventi catastrofici, la nostra casa digitale deve essere al riparo da perdite di dati, virus che potrebbero in un attimo cancellare il lavoro di anni.

Per proteggerci c'è un sistema semplice ed efficace, le copie di back-up.

Chiedete sempre al vostro fornitore se sono presenti delle copie di salvataggio del vostro sito internet e a quanto risalgono.

Questo oltre ad essere un requisito richiesto per legge della tutela dei dati, ci consente di metterci al riparo da sgradevoli situazioni, specie nel caso di siti di vendita on-line tipo e-commerce"

25) Verifica back-up ed aggiornamenti dei programmi che usi

Per le copie di back, se devi immagazzinare molti dati, puoi usare soluzioni cloud con servizi che ti consentono di avere uno spazio praticamente illimitato a costi molto contenuti vedi: www.gopt.it/ mpt/ soluzionibackup

---

Ottaviano continua a parlare come un fiume in piena.

"Bene signori, eccoci qua, facciamo l'ultima sezione dell'intervento, parliamo ora dell'ottimizzazione del sito per dispositivi mobili, perché contrariamente a qualche anno fa, ora la fruizione dei siti Internet attraverso dispositivi mobili quali smartphone e tablet, ha raggiunto una percentuale pari se non superiore a quella del computer fisso, per questo motivo diventa una priorità pensare di ottimizzare i contenuti del sito anche per questi nuovi dispositivi, soprattutto per chi opera nel turismo come ristoranti e strutture ricettive, perché chi viaggia, spesso, cerca informazioni tramite il telefonino, quindi avere un sito ottimizzato per dispositivi mobili è fondamentale.

In realtà è abbastanza semplice, perché utilizzando la piattaforma WordPress, come abbiamo visto ieri, ci sono molti template, ossia modelli grafici da utilizzare, che sono di tipo responsive, che significa che si adattano al tipo di dispositivo per cui vengono utilizzati, quindi lo stesso sito visto da un computer fisso ha magari il menu su una barra in orizzontale e nello stesso sito visto dal telefonino, il menù si compatta e diviene una piccola lista a tendina cliccabile; questo consente di far vedere il sito in maniera agevole.

Oltretutto anche Google premia quelli che sono i siti ottimizzati per dispositivi mobili, tant'è vero che se si va a vedere sui risultati di ricerca, spesso vicino al nome del sito compare la dicitura friendly Mobile, che significa che il sito è ottimizzato per i dispositivi mobili; quindi anche in questo caso avere un sito ottimizzato per dispositivi mobili significa dare al cliente un'esperienza di navigazione migliore e posizionarsi meglio nei motori di ricerca e quindi essere trovati più facilmente da potenziali clienti. Oggi molte aziende pensano al mobile first, ossia danno per scontata l'ottimizzazione per dispositivi mobili, addirittura visto che questi in molti casi sono più utilizzati dei desktop, i siti vengono pensati per una fruizione ottimale per questi dispositivi."

26) Ottimizza i tuoi contenuti anche per i dispositivi mobili

Google offre un servizio gratuito per testare la compatibilità dei siti con dispositivi mobili provalo su: www.gopt.it/mpt/verificadispositivimobili

---

"Parlando di dispositivi mobili, risulta di fondamentale importanza avere un sito veloce, perché la connettività su questi device spesso è limitata e non è così performante, quindi si rischia di perdere il contatto con un potenziale cliente.

Per questo motivo nella scelta iniziale del server e quindi della qualità dello stesso, è importante fare una scelta oculata per avere velocità alte e non installare troppi moduli per non rallentare troppo il sito, ci sono comunque dei siti che misurano le performance del vostro sito web e che vi dicono dove e come poter migliorare.

Ci molti studi che relazionano la perdita di fatturato con la lentezza del sito internet, siti più lenti anche di qualche manciata di secondi, possono in alcuni casi far aumentare drasticamente il tasso d'abbandono del sito con perdite di fatturato rilevanti.

Mi raccomando quindi anche nell'uso di elementi grafici, non esagerare e renderli sempre funzionali al contesto."

27) Controlla la velocità del tuo sito

In quanti secondi si carica il tuo sito internet? Scoprilo a questo indirizzo: www.gopt.it/mpt/velocitasito

---

Ottaviano conclude questo intervento ringraziando tutti i partecipanti, subito dopo Giulia si avvicina e gli dice:

"Ottaviano ho visto che eri impegnato con una bella bionda, cosa deve fare un sito?!"

"Francamente non ho capito nemmeno io, però mi faceva un sacco di domande ed era giusto risponderle visto che mi ha dedicato del tempo."

"Capisco, a certe persone è bene dedicare il tempo eh!?"

Giulia rimane un po' stizzita perché Ottaviano non le ha dedicato del tempo come alla ragazza bionda, poi lo saluta e va a casa.

Ottaviano rimane in aula per concludere dei lavori che aveva nel PC e rispondere a diverse email e non si accorge che è già notte, così prende velocemente qualcosa per cenare in un chiosco perché vuole fare un giro a San Ciriaco di sera.

A Ottaviano è sempre piaciuta la vista panoramica che si ha da San Ciriaco, perché domina tutto il porto e le luci hanno un fascino sempre particolare che fa affiorare ricordi anche del passato, anche di quando andava a scuola con Giulia.

Capitolo 4
Verifica la conformità con tutte le leggi vigenti

La mattina seguente Ottaviano lavora ancora al computer rispondendo alle email, decide di inviare un messaggio a Giulia chiedendogli se vuole pranzare insieme a lui.

Giulia risponde subito ma freddamente che aveva da fare e non sarebbe potuta andare, Ottaviano pensa che Giulia sia ancora un po' stizzita perché il giorno precedente la ragazza bionda aveva chiesto tante informazioni e lui era stato molto con lei.

Nel pomeriggio Ottaviano, come nei giorni precedenti, prende posto nella sala e sistema il proiettore, indica quindi quali saranno gli argomenti trattati durante la giornata.

"Buongiorno, grazie per essere anche oggi qui, in questa giornata inizieremo a vedere quali sono le norme applicabili da applicare per chi vuole gestire un sito internet, il sito web è a tutti gli effetti un documento aziendale, ha lo stesso valore legale di altri documenti timbrati e firmati e come tale deve rispettare norme vigenti, sia nazionali che internazionali.

Come vedremo, le informazioni da indicare cambiano molto in base alla tipologia di azienda, ossia c'è una netta differenza tra una ditta individuale, un privato o un'azienda di capitale tipo una s.r.l., perché in questi casi le informazioni da riportare sono completamente differenti, ci sono anche ammende importanti, superiori alle migliaia di euro. Quindi la sessione che vedremo oggi non sarà così interessante magari come le altre, ma ci eviterà di prendere delle multe anche salate.

28) Verifica la rispondenza delle leggi nazionali ed internazionali

Ogni nazione richiede norme specifiche, per la vendita, marcatura dei prodotti etc..

Affidati ad un bravo esperto per scoprire le leggi applicabili, come ad esempio nel caso di vendita vini all'esterno, sono necessari appositi registri per la gestione delle accise che variano da paese a paese.

"Vediamo ora quali sono le informazioni indispensabili da indicare sul sito, partiamo dalle ditte con partita iva, in questo caso la partita IVA deve essere obbligatoriamente indicata in homepage, ossia sulla pagina iniziale, non va bene come spesso si vede in molti siti, inserire ad esempio gli estremi sociali solo in alcune pagine come quella dei contatti.

Oltre ai motivi legali, è consigliabile indicare sempre per esteso la ragione sociale, l'indirizzo e tutti i recapiti aziendali, queste informazioni oltre a metterci in regola con la legge aiutano i motori di ricerca a farci trovare meglio.

Come vedremo in dettaglio più tardi, i siti e-commerce devono riportare informazioni aggiuntive previste per legge, con pagine aggiuntive come: condizioni di vendita, indicazione dei pagamenti accettati, spedizione, consegna e passaggio del rischio, eventuali garanzie applicabili, indicazioni sul diritto di recesso.

29) Controlla la presenza sul tuo sito delle informazioni legali

Il tuo sito deve rispondere a dei requisiti di legge specifici, vedi quali sono: www.gopt.it/mpt/verificaleggiapplicabili

---

Per i siti e-commerce sono inoltre necessarie altre informazioni quali, l'indicazione Rea e la città di iscrizione alla Camera di Commercio.

Per le società di capitali quali ad esempio le ditte s.r.l., oltre all'indicazione della partita iva, è necessario indicare informazioni aggiuntive, ossia il capitale sociale e la quota attualmente versata, quali sono i soci. Queste informazioni aggiuntive, possono in qualche maniera disturbare il visitatore che guarda il sito, allora spesso vediamo che queste informazioni sono linkate direttamente dalla home page, che tramite un link apre una finestra con tutte queste informazioni."

Ottaviano proietta una slide riepilogativa delle informazioni necessarie da indicare sul sito.

Per le società di capitali (s.r.l. o s.p.a.) e per le società di persone (s.n.c. o s.a.s.)

> la sede della società;

> l'ufficio del Registro delle Imprese dove la società è iscritta;

> il numero di iscrizione presso il Registro delle Imprese;

> il Codice Fiscale;

> il numero R.E.A.;

> la Partita IVA;

> l'eventuale stato di liquidazione a seguito dello scioglimento della società;

> il capitale sociale, con indicazione della quota effettivamente versata, come risultante dall'ultimo

bilancio approvato (solo per le Società di Capitali);

> l'eventuale sussistenza di un socio unico, c.d. società unipersonale (solo per le Società di Capitali).

Per le ditte individuali

> la sede dell'impresa;

> l'ufficio del Registro delle Imprese dove l'azienda è iscritta;

> il numero di iscrizione presso il Registro delle Imprese;

> il Codice Fiscale;

> la Partita IVA.

CONTATTI

Il Consumatore deve essere messo nella condizione di poter contattare il merchant, ossia il gestore del negozio on line, con le modalità da lui

preferite, pertanto è necessario inserire in un'apposita pagina i seguenti dati di contatto:

> la ragione sociale o il nome della ditta individuale;

> l'indirizzo della sede legale o, qualora si trattasse solo di una domiciliazione, della sede operativa;

> il numero di telefono e, se presente, il fax;

> l'indirizzo di posta elettronica.

Giulia ascolta con interesse queste informazioni, che pur di carattere tecnico, sono indispensabili per tutti i siti. Si rende conto che pur essendosi affidata ad un'agenzia per la redazione del sito, non tutti gli accorgimenti indicati da Ottaviano erano stati implementati sul suo sito. Giulia si rende conto che l'aspetto grafico del sito è importante, ma in realtà è solo una tessera del puzzle che costituisce l'intero piano di comunicazione aziendale. Ormai le è chiaro che chi realizza il sito non deve avere solo competenze grafiche, ma soprattutto deve essere specializzato nella comunicazione web, conoscere le leggi vigenti, l'ottimizzazione sui motori di ricerca e tanti altri aspetti che apparentemente potrebbero sembrare irrilevanti.

Ottaviano proietta alcune slide per far vedere alcuni esempi di come inserire in maniera corretta le informazioni legali che devono essere presenti su tutti i siti, per completezza mostra anche riferimenti normativi e le ammende applicabili nel caso in cui i dati non siano riportati correttamente.

30) Controlla la direttiva sulla privacy

Con alcuni programmi puoi generare direttamente on-line il testo della privacy da usare sul sito, vedi come fare: www.gopt.it/mpt/generaprivacy

---

Ottaviano, dopo aver presentato una rassegna delle diverse tipologie di aziende e dei dati necessari da indicare per ciascuna azienda, affronta la tematica della privacy dei siti internet.

"La legge sulla privacy, come sapete, fornisce indicazioni su come trattare i dati personali, dal momento che sul vostro sito inserite un metodo di contatto, una richiesta di preventivo, etc. è bene che indicate sempre in maniera chiara ed evidente come saranno trattati questi dati.

Più precisamente, nel caso di moduli di contatto, è sempre bene mettere una casella che l'utente andrà a selezionare confermando quindi che ha preso visione della vostra normativa sulla privacy.

È chiaro che tutte le indicazioni sulla privacy sono molto estese, quindi per comodità come visto in precedenza, metterete semplicemente un collegamento alla vostra pagina della privacy in maniera tale che, chi vorrà, potrà cliccare e leggere tutta la normativa sulla privacy. L'utente che visiterà il vostro sito in questo modo, saprà come saranno trattati i suoi dati e qualora voglia cancellarsi, saprà a chi fare riferimento. Tra le prescrizioni della privacy, alcuni punti prevedono anche che ci siano delle copie di backup dei dati, colgo l'occasione, visto che stiamo parlando di copie di backup, di verificare sempre che l'azienda che gestisce il vostro sito abbia previsto delle copie di sicurezza dello stesso, questo è estremamente importante. Immaginate di aver inserito sul vostro sito centinaia di immagini, testi, news e riconoscimenti e, per un semplice e banale virus o altri problemi, potreste trovarvi dall'oggi al domani senza più nulla, per questo motivo anche per il sito web è importante disporre sempre delle copie di archivi di sicurezza. Prendiamo ad esempio la piattaforma WordPress, che è il programma più usato al mondo per realizzare siti internet, questo programma è estremamente potente e funzionale, ma è anche quello più soggetto ad attacchi informatici, anche in questo caso una copia aggiuntiva degli archivi, ci tutela da spiacevoli situazioni.

Non mi stancherò mai di sottolineare che le copie di sicurezza sono importanti per il sito, ma ancora più importanti per i computer dove sono installati i gestionali utilizzati per fare le fatture.

Spesso vedo aziende che utilizzano computer sia per la contabilità che per navigare in Internet, in questi casi il rischio di essere contaminati da virus aumenta esponenzialmente, per questo motivo è ancora più importante avere sempre una copia di sicurezza negli archivi."

Durante una veloce pausa caffè, i partecipanti al corso chiedono ad Ottaviano informazioni e chiarimenti in merito agli argomenti trattati.

Dopo la breve pausa Ottaviano richiama tutti in aula per concludere la terza giornata di corso.

31) Verifica la presenza dell'accettazione dei cookie

In base al tipo di piattaforma che scegli, puoi generare i cookie per il tuo sito in modo automatico, vedi come fare: www.gopt.it/mpt/generacookie

---

"Bene, concludiamo la sessione di questa giornata finalizzata prevalentemente alle norme e prescrizioni da indicare sul sito internet parlando dei cookie."

Ottaviano chiede ai partecipanti chi sa cosa siano i cookie.

"Se non sapete cosa sono i cookie non c'è nulla di strano, pur essendo necessari per legge dal primo giugno 2015, ancora oggi molti non sanno bene cosa siano, solo che ci sono fastidiose finestre che spuntano tra i siti ed è necessario acconsentire all'uso dei cookie cliccando spesso il bottone 'accetta' per poter continuare."

"I cookie non sono altro che brevi informazioni salvate automaticamente sul vostro computer, spesso risultano utili perché, ad esempio, quando andiamo a visitare un sito ci ricordano le password utilizzate per accedere al sito stesso.

In molti altri casi invece pur non facendoci caso, i cookie chiamati anche in gergo biscottini, lasciano sul computer informazioni sui siti visitati, parole ricercate ed altre informazioni che spesso sono utilizzate da chi fa pubblicità a pagamento per poter mostrare gli annunci pubblicitari più pertinenti in base alla nostra esperienza di navigazione.

I cookie, come già indicato, non necessariamente vanno ad impattare su quella che è la nostra privacy, anzi spesso facilitano la navigazione, ma ad ogni modo consentono di profilare anche se in maniera aggregata, il nostro comportamento in internet.

Non so se avete mai fatto caso ad esempio, se avete cercato delle scarpe su Amazon o su Zalando, per qualche giorno pur visitando siti diversi, ritrovate la pubblicità di scarpe sia su Facebook che su Google, questo perché, grazie ad un sistema chiamato retargeting, le aziende possono mostrare anche a distanza di giorni e settimane annunci pubblicitari mirati in base a quelli che sono stati i vostri interessi.

La Comunità Europea ha pertanto richiesto a tutti i possessori di siti internet che fanno uso di moduli, di sistemi statistici, di bottoni per la condivisione sui social, di mostrare all'utente che visita il sito, un messaggio che avverte che il sito per poter funzionare correttamente deve utilizzare i cookie.

Quindi quando navigate in internet e in special modo visitate i nuovi siti, compare questo fastidiosissimo messaggio che richiede l'approvazione dei cookie."

Concluso l'intervento le persone che hanno partecipato al corso, liberano la sala mentre Ottaviano invita Giulia a cenare insieme, da lì a poco si trovano seduti di fronte a due calici di vino, in un bel ristorantino sotto le logge di Ancona vicino al porto.

I due discutono di tante cose, sia delle argomentazioni trattate al corso da Ottaviano, ma soprattutto di quelli che sono i ricordi del liceo, quando fecero una gita insieme a Firenze.

"Giulia, ricordi quando siamo andati in gita a Firenze … quelli sì che erano bei tempi, spensierati, eravamo giovani con grandi ambizioni, tutta una vita da vivere".

"Come non ricordarlo! mi sembra oggi che eravamo sul ponte vecchio, tu con una scusa qualsiasi ti avvicinasti e mi diedi un bacio".

".... ma dai non mi sembra che ti fosse dispiaciuto così tanto poi anche tu mi baciasti, ahahaha!!"

I due continuarono a chiacchierare e ricordare piacevolmente per tutta la serata le tante belle esperienze vissute insieme al liceo, di quanto tempo trascorrevano insieme e di quell'intesa, quel rapporto speciale che si era creato.

Capitolo 5
Agevola l'acquisto dei prodotti/servizi su più canali

La mattina seguente Ottaviano esce dall'hotel per fare una colazione veloce e scopre che c'è il mercato rionale, così si perde tra le tante bancarelle, ne approfitta per acquistare alcuni prodotti tipici locali.

Tra le tante scelte disponibili, alla fine acquista il salame di Fabriano e l'immancabile salume ciauscolo.

Il ciauscolo ricorda ad Ottaviano quando era piccolo e sua madre lo spalmava sul pane per fargli fare merenda.

Questo lo fa riflettere su come in pochi decenni, sono cambiate radicalmente tante cose come ad esempio il modo di comunicare e quello di mangiare. Alcune cose decisamente in meglio, pensiamo ad internet che se utilizzato correttamente consente di comunicare agevolmente con i nostri cari anche se sono dall'altra parte del mondo.

Altre meno positive come le abitudini alimentari dove si preferiscono i fast food ad un bel piatto di pasta e le merendine tanto pubblicizzate in tv, rispetto a un bel panino con il ciauscolo o un buon frutto.

32) Apri il tuo negozio on-line, consenti l'acquisto dal tuo sito

Spesso si crede erroneamente che aprire un negozio on-line, sia semplicemente

scegliere una piattaforma dove pubblicare il catalogo ed aspettare che arrivano ordini. Oltre l'80% dei negozi on-line non raggiunge risultati soddisfacenti perché non si imposta a priori una strategia efficace

---

Il tempo vola ed è già ora di un'altra lezione del corso:

"Buongiorno signori, oggi parleremo di una tematica estremamente importante che è la vendita online tramite e-commerce ossia commercio elettronico.

Ogni anno le transazioni digitali, ossia quelle che avvengono tramite internet, registrano un incremento del 20%, alcuni settori la fanno da padrone, quali ad esempio l'elettronica ed il turismo, altri settori invece come quello dell'alimentare, hanno ancora tassi di crescita bassi e necessitano di più tempo per poter decollare.

Suggerisco di essere presenti fin da subito in questo mercato che non può essere ignorato, adottando la corretta strategia di comunicazione digitale, perché l'e-commerce rappresenterà sempre di più una parte importante del fatturato aziendale.

Immaginate oggi cosa facciamo con il telefonino …. praticamente tutto, qualche volta lo usiamo anche per telefonare!

Utilizziamo il telefonino per comunicare velocemente tramite messaggi istantanei su Messenger, WhatsApp, Telegram, per leggere e spedire mail, per cercare e prenotare ristoranti, per acquistare su Ebay, Amazon, come navigatore satellitare.

Le statistiche parlano chiare, da tempo ormai utilizziamo maggiormente il telefonino rispetto al computer fisso per le nostre attività digitali.

Non dobbiamo pensare al nostro e-Commerce, il nostro negozio digitale, come ad un semplice programma che consente di pubblicare e far acquistare i nostri prodotti tramite internet, in realtà deve essere una scelta strategica dell'azienda e pertanto vanno pianificate tutte le attività ed assegnate le risorse necessarie per questo nuovo modo di lavorare.

Le problematiche legate alla vendita tramite internet a volte possono essere completamente diverse da quelle che l'azienda è abituata ad affrontare.

Pensiamo ad esempio ai pagamenti digitali tramite PayPal oppure carta di credito, alla consegna tramite corriere, alla gestione dei resi del post-vendita, a volte queste problematiche non sono presenti nella vendita tradizionale o quantomeno rappresentano operazioni marginali, mentre nella vendita online rappresentano attività fondamentali da gestire correttamente su tutto il processo.

Ricapitolando pensiamo per chi non l'ha ancora fatto di portare la propria azienda a vendere online, focalizziamo bene quali sono le strategie da implementare, non solo relative alla gestione tecnica che poi è l'aspetto più semplice da gestire, ma anche capire bene fin dall'inizio come il nostro negozio online impatterà sul nostro modo di lavorare e sul nostro business.

Non pensiamo che il nostro negozio internet sia la soluzione a tutti i problemi, spesso molte aziende che vendono online ottengono scarsi risultati per un motivo molto semplice, perché è difficile ricreare l'esperienza d'acquisto tramite canali digitali.

Facciamo l'esempio di una cantina, immaginate un potenziale cliente che sta visitando la vostra cantina, che assaggia il vostro vino, la probabilità che la visita guidata si concluda con acquisto da parte del cliente è alta.

Questo accade per tanti motivi, per un coinvolgimento emozionale del cliente, perché durante la visita è stata raccontata la storia della cantina, con quale passione e cura dei particolari produce il vino, intervengono inoltre altri fattori come le leve mentali della reciprocità, abbiamo fatto assaggiare al nostro potenziale cliente il vino e in qualche maniera lui si sente di dover fare qualcosa per noi.

Ricreare questa esperienza d'acquisto su internet è praticamente impossibile, per questo motivo è molto più difficile vendere online, piuttosto che vendere tradizionalmente anche se questo è vero per molte attività ma non per tutte.

Per quale motivo invece altri settori hanno e-commerce con tassi di crescita a due cifre? Il motivo è abbastanza semplice; per alcuni articoli con brand molto forti pensiamo al settore dell'elettronica, alla vendita di un iPhone, in questo caso il fattore determinante è il prezzo.

Tutti conoscono IPhone è l'azienda Apple, pertanto il cliente acquista semplicemente in un sito dove si fida, al miglior prezzo.

Un altro esempio è quello del settore fashion delle calzature, apparentemente vendere scarpe online potrebbe sembrare difficile, quello che in realtà succede è che spesso l'utente entra in un grande centro commerciale, calza e vede se gli piace l'ultimo modello della scarpa famosa, poi semplicemente si collega a Zalando uno dei principali siti per la vendita di abbigliamento, trova la stessa scarpa ad un prezzo inferiore al 30% e chiaramente conclude direttamente l'acquisto sul sito.

Questi due esempi ci fanno riflettere su come l'esperienza di acquisto del settore alimentare sia completamente diversa rispetto l'esperienza di acquisto per altri settori, inoltre fa capire come sia sempre più sottile la differenza tra l'acquisto offline, ossia nel negozio tradizionale e quello online in internet e come l'uno influenza l'altro in maniera reciproca.

Un discorso a parte va fatto per alcuni periodi dell'anno particolari, come ad esempio quello Natalizio, queste ricorrenze sono estremamente importanti e in alcuni casi, con poche settimane, consentono alle aziende di fatturare addirittura oltre il 30% del fatturato annuale.

Per il comparto agroalimentare spesso chi acquista online prodotti tipici nel periodo natalizio, cerca principalmente un servizio come la garanzia di consegne puntuali, magari l'opportunità di accompagnare al cesto natalizio un biglietto di auguri personalizzato.

In questi casi, vanno pensate campagne di comunicazione specifiche che enfatizzano il servizio, quali ad esempio consegne celeri e personalizzazioni dei pacchi e bigliettini d'auguri, in modo da incentivare l'acquisto da parte di potenziali clienti."

Giulia ascolta con estremo interesse questa prima parte dell'intervento sulla vendita online, si era sempre chiesta se fosse il caso o meno di creare un suo negozio online e se effettivamente avrebbe venduto qualcosa, dopo aver ascoltato l'intervento di Ottaviano gli è chiaro e sicuramente dovrà aprire il suo negozio online, dovrà farlo però nel modo giusto valutando le opportune strategie ed il piano di comunicazione ideale. Giulia inoltre ha capito che per poter vendere online i suoi vini, non basta che siano di qualità o magari certificati DOCG, ma deve cercare di ricreare l'esperienza di acquisto anche online, magari facendo vedere video con le fasi della produzione, coinvolgere quanto più impossibile anche online il potenziale cliente.

Si rende conto che chi ha visitato la cantina e conosce ed apprezza i suoi vini, deve poter continuare l'acquisto anche tramite internet e non solo in maniera tradizionale.

Ottaviano risponde alle tante domande che ha suscitato il suo intervento, prosegue quindi con un aspetto più tecnico della vendita online, ossia quale tipo di programma scegliere per il negozio digitale.

33) Scegli la piattaforma e-commerce ideale per la tua azienda

Scopri le piattaforme e-commerce per vendere on-line: www.gopt.it/mpt/soluzioniecommerce

---

"Dopo aver visto le strategie da adottare prima di pubblicare il negozio online, vediamo quali sono le piattaforme tecnologiche da utilizzare per la pubblicazione del catalogo dei prodotti e l'acquisizione degli ordini tramite internet.

Esistono centinaia di programmi diversi disponibili in Internet, più o meno complicati, con prezzi estremamente variabili da gratuito a decine di migliaia di euro che consentono di pubblicare il vostro catalogo online e di ricevere pagamenti tramite sistemi classici, come il bonifico bancario o pagamenti digitali tramite carta di credito e PayPal.

Non esiste una piattaforma ideale per l'e-commerce, perché le esigenze delle aziende sono completamente diverse, alcune aziende hanno poche decine di prodotti a catalogo, gestiscono pochi ordini, altre aziende più strutturate con magari più sedi distaccate hanno la necessità di interfacciarsi con i loro sistemi gestionali e chiaramente hanno esigenze diverse e pertanto sarà necessario utilizzare programmi diversi.

Vedremo ora una panoramica su alcune delle piattaforme più utilizzate e su quale tipo programma orientarsi, in base al tipo e alla dimensione dell'azienda.

Una delle piattaforme e-commerce più apprezzata per vendere online a livello mondiale è Magento, questo programma consente anche ad aziende molto grandi con siti multilingua e negozi, ad esempio con sedi distaccate, di gestire tranquillamente le esigenze più particolari.

Avere tante funzionalità che prevedono molteplici situazioni da una parte è vantaggioso, ma per aziende di piccole e medie dimensioni spesso troppe funzionalità non utilizzate, gravano solamente sui costi di gestione.

Personalmente ho utilizzato Magento per pubblicare diversi e-commerce, vi assicuro che la gestione di questo programma è molto più complicata rispetto ad altre piattaforme, anche il semplice server hosting che serve ad ospitare il sito, deve avere delle caratteristiche particolari perché Magento richiede molte più risorse rispetto ad altri programmi più semplici.

Anche le personalizzazioni del programma che spesso sono necessarie, risultano molto più complicate, richiedono quindi personale altamente specializzato per effettuarle correttamente.

Per questi ed altri motivi, pur essendo Magento una piattaforma e-commerce estremamente valida, consigliamo generalmente alle piccole e medie aziende di non utilizzare questo programma, anche perché realizzare un negozio online con Magento richiede investimenti economici maggiori rispetto ad altre soluzioni.

Come dicevamo inizialmente esistono centinaia di piattaforme e-commerce per poter aprire il proprio negozio online, solo per citarne alcune tra le più famose ricordiamo: PrestaShop, Shopify, VirtueMart, OsCommerce.

Voglio però soffermarmi e richiamare l'attenzione su quella che ad oggi ritengo essere una delle piattaforme e-commerce più versatile funzionali: WooCommerce.

WooCommerce è un plugin di WordPress che consente di realizzare in maniera semplice e veloce il vostro negozio online.

Essendo WooCommerce un plugin ossia un modulo aggiuntivo, consente ai tanti possessori di siti internet costruiti con WordPress di aggiungere agevolmente questo modulo per avere un negozio estremamente funzionale.

In questo modo è possibile trasformare in tempi brevi e a prezzi relativamente economici, un semplice sito vetrina in un vero e-commerce, dove pubblicare il catalogo prodotti e vendere direttamente in internet.

WooCommerce ha tantissime funzionalità, quali ad esempio la gestione dei reparti, delle varianti di prodotto, la possibilità di gestire l'inventario, i buoni sconti e tante altre funzionalità di base, se questo non dovesse bastare, sono inoltre disponibili tantissime estensioni per esigenze specifiche per i diversi settori merceologici.

Il mio consiglio quindi è pensare fin da subito alla strategia aziendale che includa la vendita online e confrontarsi con il vostro partner tecnologico per valutare quali sono i programmi migliori da utilizzare per il vostro caso specifico.

Consideriamo sempre che l'utilizzo di piattaforme internazionali, open source come WooCommerce, garantiscono standard qualitativi altissimi, oltretutto non sarete troppo legati al vostro fornitore, come accade ad esempio per programmi personalizzati."

Giulia segue con estremo interesse questa parte dell'intervento dedicato alla vendita online ed è certa che da qui a breve anche lei avrà sul suo sito la sezione e-commerce per poter ricevere ordini direttamente da Internet.

Durante la pausa caffè, una signora distinta, chiede ad Ottaviano se ha avuto esperienze specifiche con la vendita di vini online ed in tal caso capire quali sono stati i risultati conseguiti.

Ottaviano risponde con piacere alla domanda, confermando che l'e-commerce va sicuramente fatto per le cantine, però è importante sapere fin dal principio che l'investimento non rientrerà in tempi brevi, pertanto è bene evitare di effettuare investimenti troppo importanti, credendo che ci siano ritorni a breve termine.

Giulia vede con quanto entusiasmo e passione Ottaviano fa il suo lavoro, oltre ad apprezzarlo come professionista, inizia a vederlo sotto una luce diversa, prova alcuni sentimenti che c'erano al liceo quando andavano a scuola insieme.

Conclusa la pausa caffè Ottaviano riprende il suo intervento sulla vendita online ponendo però particolare attenzione sulla strategia dei prezzi da applicare.

"Bene anche oggi stiamo concludendo questa giornata che spero sia stata interessante.

Dopo aver visto l'importanza di aprire un proprio negozio online per vendere direttamente con il sito, quali strategie adottare per rendere ancora più efficace la presenza online e che tipo di programma utilizzare in base alle esigenze della vostra azienda, vediamo ora qual è la corretta politica dei prezzi da adottare sia per le vendite tradizionali offline che per i canali di comunicazione digitale online.

Avere dei listini personalizzati, soprattutto quando si vende online e dove i prezzi sono pubblici, è di fondamentale importanza. Tornando all'esempio della cantina, suggerisco di pubblicare prezzi online alti rispetto al prezzo di vendita in cantina o ai prezzi che facciamo ai vostri distributori.

Il motivo è abbastanza ovvio, sicuramente i vostri clienti, agenti, distributori, visiteranno il vostro sito per vedere quali sono i prezzi di vendita dei vini, prezzi alti fanno percepire un'elevata qualità del prodotto, inoltre consente ai vostri agenti e distributori di lavorare con margini più alti.

È vero che questo potrebbe far perdere qualche ordine, ma come abbiamo visto in precedenza nel settore alimentare, il prezzo difficilmente è un elemento determinante come accade invece in altri settori.

Nell'esempio della cantina, essendo produttori, il cliente non potrà avere termini di paragone sul prezzo del prodotto, essendo chiaramente unico. Prezzi alti consentono di avere margini maggiori, che possiamo utilizzare anche per effettuare promozioni particolari in determinati periodi dell'anno, spese gratuite sul trasporto, buoni sconto per stimolare l'acquisto."

Mentre Ottaviano parla Giulia prende appunti, nel suo sito ha pubblicato prezzi bassi, credendo che questo le avrebbe portato maggiori vendite, non considerando però tutti gli aspetti e le problematiche chiarite da Ottaviano poco prima.

34) Definisci una corretta politica dei prezzi on-line / off-line

Valuta con attenzione i prezzi che pubblichi sul tuo sito, capita nel cercare d'incrementare le vendite con prezzi aggressivi che a fronte di qualche vendita in più, ci facciamo concorrenza da soli sui canali tradizionali (agenti distributori etc.)

Ora che avete realizzato il vostro e-commerce dovete pensare ad un aspetto estremamente importante che è quello della scelta dei tipi di pagamento da adottare nel vostro negozio on-line.

Suggerisco a tutti i possessori di un e-commerce di prevedere pagamenti on-line e digitali con carta di credito o PayPal, soprattutto per chi vende prodotti e servizi con prezzi non troppo elevati, in modo da consentire all'utente di acquistare con maggiore semplicità ed immediatezza sfruttando anche alcuni incentivi all'acquisto come quello emozionale.

Tenete anche in considerazione che i pagamenti digitali sono stati sdoganati anche in Italia, nel senso che è divenuto di uso comune pagare con POS, carta di credito o PayPal, quindi la diffidenza che c'era qualche anno fa ormai sta' praticamente svanendo.

Moltissimi utenti preferiscono pagare con PayPal rispetto al bonifico tradizionale, perché PayPal nel caso di controversie con il negoziante tutela l'utente che ha acquistato quindi chi paga in questo modo ha un'ulteriore garanzia.

Per chi ancora non conosce il sistema di pagamento digitale PayPal, apro una piccola parentesi, immaginate PayPal come un conto corrente online, senza nessun costo di gestione, pagherete solo una piccola quota percentuale dell'ordine del 3-4% sui pagamenti che riceverete on-line.

Chiaramente per alcuni settori questo costo risulta essere anche importante, ma presenta vantaggi nella gestione notevoli, pertanto quando pensate il prezzo di vendita dei vostri prodotti, tenete in considerazione anche i costi aggiuntivi per l'incasso.

Aprire un conto PayPal è veramente semplice ed oltretutto gratuito, integrarlo su programmi per la vendita on-line come ad esempio piattaforme e-commerce come WooCommerce risulta immediato, quindi, se ancora non avete un vostro conto PayPal vi invito ad aprirlo fin da subito.

L'ultimo consiglio che mi sento di dare, è quello di mettere sempre bene in evidenza i sistemi di pagamento accettati sul sito, mettere bene in vista il logo della carta di credito Visa, PayPal o bonifico bancario su tutto il sito, in questo modo darete maggiore autorità al vostro sito e più sicurezza al cliente, oltre a fornire indicazioni immediate a chi vuole acquistare presso il vostro negozio.

Giulia ascolta queste tematiche sul pagamento on-line con estremo interesse, dispone di un suo account personale PayPal che utilizza per fare acquisti on-line, ma non credeva che fosse così semplice anche ricevere pagamenti online, si è quindi ripromessa di implementare i pagamenti on-line sul suo nuovo sito.

Ottaviano continua ad elencare i grossi vantaggi nel consentire ai clienti il pagamento on-line, mettendo in evidenza i costi di questi servizi che generalmente non hanno nessun costo di attivazione e di mantenimento, ma un costo percentuale su ogni transazione fatta.

35) Agevola il pagamento con sistemi digitali

PayPal è uno dei sistemi più semplici per il pagamento on-line, in alcuni casi si possono anche valutare soluzione di pagamento alternative tipo Stripe

---

"Parlando di e-commerce, vengono subito in mente due colossi della vendita on-line: EBay e Amazon.

Spesso parlo con aziende che mi chiedono se è conveniente o meno vendere su questi siti.

Innanzitutto precisiamo che vendere su Amazon è molto diverso rispetto alla vendita su EBay, Amazon è molto fiscale e selettivo nell'inserimento di nuove aziende e prodotti, prima di vendere in questo Marketplace, dobbiamo fornire documentazione molto dettagliata e descrizioni dei prodotti realizzate secondo standard ben precisi, i costi di spedizione non sono decisi dall'azienda ma è Amazon stesso che in base alle categorie merceologiche applica un prezzo di trasporto.

Aprire invece un negozio su EBay risulta molto più semplice, non sono richiesti particolari requisiti, anche le schede di prodotto possono essere realizzate in maniera semplificata.

Per poter rispondere alla domanda iniziale, ossia se conviene o meno vendere su questi Marketplace, è necessario conoscere esattamente il margine sui nostri prodotti, infatti vendere su questi canali ha costi importanti con percentuali trattenute sul venduto ben superiori al 10%, alle quali sommare altri costi fissi per la gestione del negozio on-line.

In sintesi vendere su questi siti è sicuramente una grossa opportunità, prima di decidere se vendere o meno anche in questi canali, come sempre bisogna fare le opportune valutazioni strategiche, considerare le spese aggiuntive da sostenere sul venduto ed i costi fissi, ma anche i costi aggiuntivi per gestire correttamente questi canali di vendita sul web."

Giulia aveva utilizzato eBay per acquistare prodotti, non aveva mai pensato alla possibilità di poter vendere direttamente anche lei i suoi vini, si appunta alcuni chiarimenti da chiedere ad Ottaviano per approfondire ulteriormente questa opportunità.

36) Valuta piattaforme di vendita come Amazon eBay

Amazon ed eBay richiedono un livello di organizzazione logistica importante, tempi di consegna rapidissimi. Prima di vendere su queste piattaforme cura bene la parte logistica, altrimenti rischi di evadere i primi ordini con recensioni non positive, invalidando poi tutto il lavoro fatto.

"Un discorso a parte va fatto per Google Shopping che rappresenta il motore di ricerca per gli acquisti on-line realizzato da Google.

Mentre su eBay e Amazon caricate il vostro catalogo prodotti, su Google Shopping tutta la transazione si svolge nella loro piattaforma, la quale non fa altro che veicolare a pagamento potenziali contatti che ricercano i vostri prodotti.

In pratica facendo una normale ricerca su Google, spesso trovate inserzioni di prodotti con immagini descrizioni e prezzi, cliccando sul prodotto sarete reindirizzati al sito dell'azienda che ha sponsorizzato quel tipo di inserzione.

Questi box di prodotti in vendita, mostrati insieme agli altri normali risultati delle pagine di Google, sono ottenuti grazie ad alcuni accorgimenti particolari fatti dalle aziende che vogliono mostrare i loro articoli anche all'interno di Google Shopping.

In pratica l'azienda che vuole comparire su Google Shopping, apre un account su Google Merchant Center, fornisce un elenco di prodotti da mostrare e metterà a disposizione un budget pubblicitario, il costo di questo tipo di pubblicità dipende dal numero dei click ricevuti per i prodotti, in pratica Google farà pagare una quota predefinita per ogni potenziale cliente che sarà veicolato sul sito dell'azienda."

Per capire se Google Shopping è davvero utile o meno per la vostra azienda, provate semplicemente a fare una ricerca su Google, vedere se sono già presenti i vostri competitor e con quali prezzi, se il prodotto che pensate di vendere ha un prezzo vantaggioso o la giusta strategia che vi fa apparire 'unici' rispetto agli altri, sicuramente vi consiglio di vendere i vostri prodotti anche su Google Shopping.

37) Valuta l'inserimento dei tuoi prodotti su Google shopping

I costi per la promozione su questi canali, a parità di risultato cambiano notevolmente in base a come hai impostato la campagna promozionale. Pagare un professionista per impostare correttamente tutte le fasi, ti consentirà un bel risparmio di tempo e denaro.

Bene signori, siamo arrivati alla fine di questo percorso formativo durato una settimana, per me è stato veramente un piacere poter condividere queste tematiche che ritengo fondamentali, oggi, ma ancor di più nei prossimi anni, spero che in questi giorni sono riuscito a trasmettere le potenzialità dei canali digitali come strumento di comunicazione efficace, ma soprattutto che usciti da questa stanza ognuno mette in pratica una o più strategie delle quali abbiamo discusso.

La platea si alza in piedi e applaude Ottaviano, perché convinta che in questi giorni ha ricevuto stimoli importanti, ogni partecipante ha idee molto più chiare per poter approcciare in maniera strategica e con strumenti giusti le tante sfide che si prospetta.

La sala piano piano si svuota, i partecipanti stringono la mano ad Ottaviano per salutare e complimentarsi per quello che ha saputo dare in questi giorni, l'unica che rimane nella stanza è Giulia. Mentre Ottaviano sistema le ultime carte nella cartella si avvicina Giulia dicendogli, hai visto che successone Ottaviano ne ero convinta, te lo meriti, perché sei veramente in gamba.

Questo fine settimana sei ospite da noi vero? non fare scherzi eh."

"Giulia non voglio approfittare della vostra disponibilità, se non creo troppo disturbo sarò vostro ospite."

"Non scherzare, sai che mi fa veramente piacere ospitarti da noi, primo perché sono fortemente in debito nei tuoi confronti, oltretutto come ti anticipavo, questo fine settimana devo incontrarmi con l'azienda che ho scelto per rifare il sito Internet, quindi mi farebbe piacere andare insieme all'appuntamento.

"Bene se le cose stanno così sicuramente vengo, questa sera ho già prenotato in hotel però, quindi se per te va bene ci vediamo direttamente domani mattina verso le 9:30"

"Bene sono proprio contenta" Giulia abbraccia stretto stretto Ottaviano baciandolo sulle guance.

Poi riprende la macchina per rientrare nella sua casa di Matelica.

Capitolo 6
Posizionati nelle prime pagine di Google

Ottaviano si alza di buon'ora per trascorrere il fine settimana presso l'agriturismo gestito da Giulia e la sua famiglia a Matelica, si sveglia prima del previsto perché vuole percorrere le strade dell'entroterra invece di prendere l'autostrada.

Ottaviano ha nel cuore le Marche, pur essendo una piccola regione, racchiude storia, cultura, paesaggi marittimi e montani; le tante bellezze dell'intera Italia visibili in un piccolo territorio.

Ottaviano percorre le colline marchigiane, attraversa Fabriano, città diventata famosa essendo uno dei poli industriali più importanti d'Europa nella produzione della carta, attraversa i tanti piccoli borghi, fino ad arrivare alle 10:00 a Matelica presso l'agriturismo di Giulia.

Appena arriva vede Giulia nel piazzale che lo stava aspettando e gli va incontro:

"Buongiorno Ottaviano, benvenuto, sono proprio contenta che sei venuto da noi per trascorrere questo fine settimana, com'è andato il viaggio?"

"Benissimo Giulia è sempre un piacere scoprire le Marche, ho deciso di percorrere la strada interna per rivedere i tanti bei paesi e borghi a me tanto cari."

"Hai già fatto colazione?"

"Sì grazie non ti preoccupare."

"Allora se ti fa piacere, visto che è la prima volta che vieni nel nostro agriturismo, ti faccio vedere la nostra struttura con la cantina."

"Certo che mi fa piacere!"

Giulia mostra l'agriturismo, la vigna, i filari ben curati e mentre si avvicinano alla cantina incontrano Antonio, suo fratello.

Antonio saluta Ottaviano:

"Buongiorno Ottaviano, benvenuto nella nostra cantina."

Ottaviano si avvicina e stringe la mano ad Antonio:

"Grazie a voi Antonio per l'ospitalità, spero di non recare troppo disturbo."

"Ma quale disturbo, so che ci stai aiutando tantissimo per poter far crescere la nostra cantina e te ne sono veramente grato, Giulia mi ha parlato benissimo di te e di quello che state facendo, sono convinto che farete delle ottime cose." Dopo aver conosciuto Antonio, Ottaviano e Giulia riprendono la visita e si recano nell'ufficio di Giulia per vedere in dettaglio le attività svolte fino ad oggi e per decidere cosa fare per il futuro.

"Ottaviano, in base ai consigli che ci hai dato durante questa settimana, è chiaro che dobbiamo rifare il sito, per questo motivo ho già contattato diverse agenzie per valutare chi può essere il nostro partner ideale e tra tutte, quella che ritengo più idonea per la nostra attività, è un'agenzia di Tolentino, specializzata nel food and beverage, oggi pomeriggio alle 16:30 ho un incontro con loro, se hai piacere ci andiamo insieme"

"Certo Giulia, hai fatto bene ad affidarti a professionisti così riusciamo ad utilizzare al meglio le grandi potenzialità che oggi Internet e gli altri canali di comunicazione digitali offrono!

Ad esempio, un aspetto che durante il corso non è stato approfondito molto, è quello del posizionamento sui motori di ricerca che per un'attività come la tua è strategico.

Immagino che hai chiesto all'agenzia di realizzare il sito WordPress o sbaglio?"

"Certamente, ho seguito il consiglio che hai dato durante il corso ed ho chiesto espressamente che il sito sia realizzato usando la piattaforma WordPress."

"Bene, è fondamentale che il sito della cantina sia visibile su Google, perché immagina ad esempio un potenziale buyer, un acquirente, un distributore che cerca del Verdicchio; questo oltre a partecipare a delle fiere del settore, cercherà sicuramente sul web quali sono i produttori di Verdicchio maggiori, cercando su Google parole quali: "verdicchio biologico" o "verdicchio tipico"; essere presenti nelle prime posizioni è molto importante per poter essere contattati da potenziali nuovi clienti.

Un altro aspetto fondamentale è quello della riprova sociale, perché tutti i clienti quando cercano un prodotto su Google si aspettano di trovarvi nelle prime posizioni.

Posizionarsi su Google e su altri motori di ricerca è sicuramente impegnativo, ed è un progetto che va pensato per un medio lungo termine, però è quello che porta i maggiori risultati; tieni in considerazione Giulia, che su Google, se non ci siete voi, comunque ci sono i vostri concorrenti, quindi è bene sicuramente essere presente e presidiare queste posizioni.

38) Ottimizza il tuo sito web per posizionarti primo su Google

Utilizza programmi per monitorare automaticamente la tua posizione su Google e quella dei tuoi concorrenti, vedi: www.gopt.it/mpt/monitoraggiogoogle

---

"Per posizionarsi su Google bisogna avere una strategia ben chiara e lavorare in maniera corretta, qualche tempo fa era molto semplice essere sulle prime pagine, bastava inserire delle keywords, ossia delle frasi all'interno della pagina e automaticamente Google ci posizionava facendo galleggiare il sito nelle prime posizioni.

L'algoritmo che Google utilizza per mostrarci nelle prime posizioni tiene in considerazione centinaia di fattori ed è segreto, ma uno dei principali parametri che tiene in considerazione sono i link esterni.

I link non sono altro che un collegamento attivo presente su altri siti, che se cliccato portano sul tuo sito. Google vede in maniera molto positiva questi link da altri siti, come ad esempio link da fiere di settore, da redazionali, da portali settoriali, premiando il tuo sito, ossia facendolo comparire nelle prime posizioni. Se vogliamo è come una sorta di recensione positiva che fanno gli altri siti verso il nostro, quindi Giulia quello che dovremmo fare è incentivare questi link esterni. Oggi non è più così semplice, perché l'algoritmo usato da Google per poter decidere quali siti sono nelle prime posizioni o meno, tiene in considerazione centinaia di fattori che variano nel tempo, pertanto bisogna lavorare con un piano editoriale ben fatto per poter curare tutti questi aspetti.

39) Migliora la link building del tuo sito

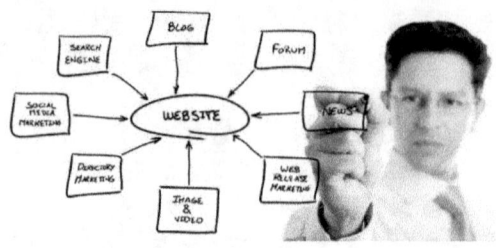

Quando possibile richiedi a fornitori, clienti, fiere dove partecipi di inserire un collegamento al tuo sito, questo aiuterà Google ad indicizzarti meglio e migliorare il tuo posizionamento.

"Quindi Giulia dovremmo inserire il sito della tua cantina su siti con fiere di settore, blog dove si parla della vostra azienda e dei vini che producete, questo è fondamentale sia per far conoscere maggiormente la vostra azienda, ma anche per poter essere riconosciuto da Google come un'azienda importante e quindi comparire in cima ai risultati di ricerca."

40) Inserisci la tua azienda in portali tematici del tuo settore

I portali tematici, oltre a portare traffico qualificato al tuo sito, aiutano a posizionare meglio il tuo sito su Google, se operi nel settore agroalimentare inserisci la tua azienda in questo archivio: www.gopt.it/mpt/inseriscisuprodottitipici

---

"Grazie Ottaviano per questi chiarimenti sui motori di ricerca, ora però direi di andare a pranzo così ci prepariamo per l'appuntamento, cosa ne pensi?"

"Certo, scusami, quando inizio a parlare di queste cose non la smetto più."

"Devo finire una cosa in cucina che spero ti piaccia, nel frattempo se devi utilizzare il computer o fare qualche lavoro, fai pure tra una mezz'ora ti chiamo io!"

"Grazie ma non dovevi disturbarti potevamo andare a pranzo fuori."

"No! mi piaceva prepararti una ricetta che facciamo qui e spero che ti piaccia."

"Sicuramente!"

I due camminano lungo i filari e con orgoglio Giulia mostra i tanti lavori che hanno fatto per poter realizzare la loro attività, è appassionata e gli piacerebbe davvero tanto poter avere un riconoscimento per il grosso lavoro fatto fino ad oggi.

"Vedi Ottaviano tutto quello che stiamo vedendo ora, l'abbiamo fatto giorno per giorno con dei piccoli investimenti e privazioni, però ci sentiamo veramente contenti perché è un sogno che si realizza."

"Avete fatto veramente un bel lavoro, ci sono tutti i presupposti per far bene e sono convinto che sapremo comunicare all'esterno il vostro impegno, così raggiungerete gli obiettivi che vi siete prefissati."

Giulia cammina per la vigna senza prestare attenzione a dove metti i piedi così inciampa cadendo sopra Ottaviano abbracciandolo.

"Ottaviano sei il mio angelo custode, non saprei come fare senza di te!" Giulia sorride guardando negli occhi Ottaviano.

Da lontano però si sente Antonio che chiama Giulia per controllare che quello che sta cuocendo non bruci.

"Scusa Ottaviano, torniamo in casa che il pranzo è quasi pronto"

I due tornano a casa, Ottaviano si siede alla tavola imbandita con i tanti colori e profumi tipici della regione marchigiana.

Di lì a poco arriva Giulia che aveva sfornato i famosi Vincisgrassi.

"Che bello Giulia è da tanto che non mangio i vincisgrassi, adoro questi strati di pasta fresca fatta a mano alternati a ragù!"

Ottaviano si complimenta con Giulia per l'ottimo pranzo e si ripromette di ricambiare quanto prima la grande ospitalità dimostrata nei suoi confronti.

"Ottaviano sai che siamo in grosso debito con te, mi dispiace che abbiamo fatto una cosa veloce perché alle quattro abbiamo l'appuntamento con l'agenzia, se sei d'accordo prendiamo il caffè così possiamo andare."

I due salgono in auto e si recano a Tolentino per poter incontrare l'agenzia che presenterà un piano editoriale e rifarà il sito Internet.

"Sai Ottaviano Tolentino è veramente una bella cittadina dove sono presenti delle eccellenze note in tutto il mondo come quelle del settore pellettiero, oltre ad avere delle bellezze artistiche come la nota basilica di San Nicola che purtroppo, in seguito al brutto terremoto del 2016, ora è visibile solo parzialmente."

I due arrivano presso l'agenzia di Tolentino e si accomodano nell'ufficio; Franco, il titolare dell'agenzia, dopo i convenevoli iniziali presentando le procedure standard che adottano per rendere una comunicazione efficace.

"Buongiorno sono Franco, mi fa piacere potervi illustrare come riusciamo a comunicare in maniera efficace e raccontare la storia di aziende e prodotti tramite i principali canali digitali; non siamo un'agenzia generalista che realizza siti in tutti settori, da anni abbiamo deciso di specializzarci nella comunicazione digitale del settore food e anche se realizziamo siti web, questo non è il nostro core business, perché preferiamo affiancarci al lavoro già esistente fatto dall'agenzia che l'azienda ha scelto, amplificare quindi in maniera efficace la comunicazione principalmente tramite il nostro portale Internet www.prodottitipici.it"

"Sì Franco, infatti ho deciso proprio per questo motivo di richiedere un preventivo alla vostra agenzia, perché ho visto che avete una specializzazione nel nostro settore; ho il piacere di presentarti Ottaviano che è un grande esperto di Internet marketing ed è il nostro consulente."

Ottaviano ascolta con interesse la presentazione di Franco, della sua agenzia, per capire se effettivamente è il partner ideale per la cantina di Giulia.

Franco entra nei dettagli del preventivo preparato per Giulia.

"Giulia possiamo darci del tu?"

"Certamente Franco ci mancherebbe."

"Appena mi hai contattato ho dato un'occhiata al vostro sito; come ti dicevo generalmente non facciamo siti Internet, ma nel tuo caso ho previsto il rifacimento del sito, perché ti devo dire in tutta franchezza che così non si riesce a comunicare bene la vostra realtà. Per una comunicazione efficace abbiamo redatto questo piano; la prima cosa da fare è rendere il sito maggiormente fruibile per gli utenti così lo realizzeremo con la piattaforma WordPress, come hosting poi utilizziamo da anni SiteGround, e per lo storage delle immagini e gli altri elementi multimediali Amazon AWS."

Giulia non riesce a comprendere tutti i dettagli tecnici ma capisce che quello che sta proponendo Franco è in linea con quello che suggeriva Ottaviano durante la lezione e quindi la sua prima impressione è positiva.

Ottaviano chiedi a Franco:

"quali sono i plugin che utilizzate di default nella realizzazione del sito Internet?"

"Ottaviano noi usiamo un modulo aggiuntivo per rendere il sito visibile sui motori di ricerca, che abbiamo testato negli anni ed è molto valido, si chiama Yoast SEO, inoltre usiamo un modulo per poter salvare tutti gli elementi multimediali, come le immagini su Amazon S3 che si chiama Wp offload s3, per aumentare la velocità utilizziamo il plugin messo a disposizione direttamente da SiteGround, che ci consente di utilizzare diversi livelli di cache, nel caso in cui dobbiamo implementare la vendita on line utilizziamo WooCommerce, chiaramente il sito dovrà essere multilingua, per questo ci affidiamo al plugin WPML, poi ci sono altri plugin per ottimizzare le immagini e le altre funzionalità che di volta in volta sono necessarie per il progetto a cui stiamo lavorando."

"Ottimo" risponde Ottaviano "mi sembra che per il sito tenete in considerazione tutti i principali aspetti necessari per fare un buon progetto"

"Chiaramente utilizziamo poi un plugin per la condivisione sui social e per mostrare il box di Facebook, perché sappiamo quant'è importante oggi la riprova sociale e mettere al centro i nostri clienti"

41) Sii social oggi i veri VIP sono i tuoi clienti

Non provare a vendere direttamente sui Social, le persone sono lì per parlare, parla con loro, offri assistenza, scopri quali sono realmente i loro bisogni, in questo modo creerai valore per la tua attività

Capitolo 7
Usa i social per comunicare con i tuoi clienti

Giulia ascolta con interesse tutti i dettagli tecnici che sono alla base di un buon sito Internet, è contenta che ci sia Ottaviano ad affiancarla in questo cammino, perché in lui ripone un'altissima fiducia ed è convinta che grazie al suo aiuto raggiungerà i traguardi prefissati.

"Franco non so se hai avuto modo di vedere la mia pagina su Facebook, che dici può andar bene o è necessario nel piano di comunicazione prevedere anche il rifacimento di questa?"

"Giulia ho visto la vostra presenza su Facebook, in realtà avete commesso un piccolo errore che in molti fanno.

State postando notizie ed informazioni della vostra azienda con il vostro profilo personale; in questo modo rischiate che Facebook chiuda l'account e perdere tutto il lavoro fatto, visto che state utilizzando impropriamente il profilo personale.

Per questo motivo con il piano di comunicazione abbiamo previsto la creazione di una pagina aziendale Facebook e non un profilo personale"

42) Apri la tua pagina aziendale su Facebook

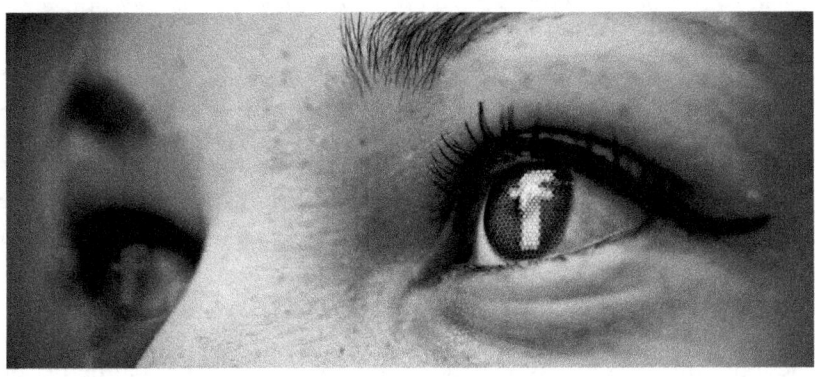

Non usare il tuo profilo personale come pagina aziendale, apri una pagina

Facebook, condividi i contenuti con il tuo profilo personale, in questo modo avrai una buona visibilità, senza rischiare che il tuo profilo personale venga bloccato vedi: www.gopt.it/mpt/inseriscisuprodottitipici

---

"Oltre ad aprire un account, quello che faremo subito dopo sarà l'ottimizzazione dello stesso, in pratica ci sono tante piccole attività che possono fare la differenza, come ad esempio la frequenza di pubblicazione dei post, Il loro contenuto che non deve essere casuale ma deve essere precedentemente stabilito con un piano editoriale.

Ci sono poi altri aspetti da curare, come ad esempio una bella immagine coordinata, l'utilizzo efficace delle Tabs ossia le voci del menu della pagina, la rivendicazione della scheda, tutti accorgimenti che rendono la pagina agli occhi dei potenziali clienti molto più efficace.

43) Ottimizza il tuo account Facebook

Compila tutti i campi richiesti da Facebook, ove possibile richiedi la verifica della pagina, l'algoritmo di Facebook premia chi fornisce informazioni complete facendo comparire la tua pagina prima di altre.

Ottaviano ascolta con interesse come Franco, in maniera molto chiara, sta elencando passo passo tutto quello che farà per promuovere in maniera efficace la sua cantina e come intende sviluppare il piano editoriale, partendo dal sito Internet, poi curando tutta la parte dei social network.

"Sicuramente sono d'accordo nell'investire principalmente in Facebook uno dei social network più utilizzati, volevo chiederti se oltre la pagina prendete in considerazione altre attività e se avete previsto nel vostro piano di comunicazione anche altri social" chiede Ottaviano a Franco.

"Sì chiaramente abbiamo previsto anche altre attività, ma anzitutto faremo una formazione a Giulia su come interagire in maniera efficace sui social, ad esempio come rispondere ai commenti e soprattutto come partecipare a gruppi di discussione del vostro settore specifico che spesso danno fondamentali informazioni su cosa realmente i clienti cercano. Bisogna sempre ricordare che i social network non sono una bacheca da bersagliare con messaggi promozionali, ma vanno visti più come una piazza dove incontrare altre persone."

44) Partecipa a gruppi, valuta la creazione di un tuo gruppo

La gestione di un gruppo è sicuramente più impegnativa della gestione di una pagina, ma per mezzo dei gruppi puoi avere un'interazione decisamente maggiore rispetto alle pagine Facebook.

Successivamente Franco mostra a Giulia e Ottaviano quali altri social ha previsto nel suo piano di comunicazione per promuovere in maniera efficace la cantina.

"Ora che abbiamo parlato di Facebook, che sicuramente rappresenta un pilastro importante per una presenza efficace nei social network, vediamo Google+.

Vi faccio vedere per chiarezza cosa abbiamo fatto per un'altra cantina così vi rendete conto di cosa stiamo parlando, scusa Ottaviano so che tu conosci benissimo queste tematiche ma mi rivolgo chiaramente principalmente a Giulia."

Ottaviano aggiunge

"Sicuramente Google+ è poco utilizzato come social network, ma essendo un prodotto Google aiuta fortemente il posizionamento sui motori di ricerca e comparire primi su Google, quindi sono d'accordo sul fatto che avete preso in considerazione anche questo social network."

45) Apri la tua pagina su Google+ e Google My Business

La presenza su Google+ tra le altre cose ti consente un miglior posizionamento anche sul motore di ricerca Google, quando scrivi il tuo piano editoriale, valuta la presenza della tua attività anche in questo canale di comunicazione.

"Sempre parlando di Google" continua Franco "Abbiamo previsto l'ottimizzazione della scheda di Google+, perché, pur essendo chiaramente la vostra attività di carattere locale, i vostri clienti sono di livello nazionale ed internazionale, quindi avere una buona presenza su Google+ sicuramente aiuta molto a favorire la visita della vostra cantina, perciò verificheremo la vostra sede, inseriremo gli orari di apertura, aggiungeremo le foto e vi consiglieremo su come rispondere alle recensioni che i vostri clienti lasceranno."

Per Giulia molti di questi aspetti che Franco sta presentando sono nuovi, lei è completamente digiuna a queste attività digitali, a parte quei giorni che ha seguito il corso con Ottaviano.

Ora capisce bene per quale motivo il suo amico le suggeriva sempre di affidarsi a dei professionisti, perché le tematiche affrontate sono tante e se questo non viene fatto con un progetto a monte, diventa seriamente e veramente difficile ottenere risultati concreti.

46) Ottimizza la tua scheda Google My Business

Maggiori sono le informazioni che indichi per la tua attività, più Google ti premierà inserendoti nelle prime posizioni.

Franco continua a mostrare tutti i dettagli del piano editoriale che ha preparato per l'attività di Giulia soffermandosi ora sul social network LinkedIn.

"Per una comunicazione efficace, ho inserito nel piano di comunicazione anche la presenza su LinkedIn; mentre Facebook e gli altri social sono importanti soprattutto per il brand aziendale e per far conoscere la vostra azienda, LinkedIn consente di avere un approccio diretto con gli addetti al settore.

Lì magari è più facile trovare buyer, importatori o altre figure professionali qualificate che possano farvi fare il salto di qualità.

All'interno di LinkedIn creeremo una pagina, dove condivideremo quelli che sono le attività rilevanti della vostra cantina, quali lanci di nuovi prodotti, oppure riconoscimenti per partecipazione a fiere, in maniera tale da poter presenziare anche questo canale che sicuramente per il vostro tipo di attività è importante."

Giulia aveva sentito parlare di LinkedIn ma non aveva mai utilizzato questa piattaforma, si ripromette di parlarne meglio con Ottaviano nelle prossime occasioni per sfruttare anche questo potente strumento di comunicazione.

47) Crea il tuo profilo professionale su LinkedIn

LinkedIn è il social network per eccellenza dei professionisti, li potrai trovare interessanti figure professionali come responsabili acquisti ed altri personaggi strategici per la crescita della tua attività. Cura bene il tuo profilo LinkedIn, usa foto professionali per dare fin da subito una buona impressione.

Ottaviano chiede a Franco se sul piano editoriale era prevista una sorta di Storytelling, ossia quali strumenti pensava di utilizzare per raccontare in maniera efficace la storia dell'azienda e dei prodotti che realizzano.

"Per lo Storytelling chiaramente utilizziamo un po' tutti i canali ma abbiamo previsto di utilizzare principalmente YouTube pubblicando dei video con le fasi produttive, la presentazione della cantina e perché no, magari la diretta di qualche degustazione che fate in cantina.

Come sai YouTube è il secondo sito Web visto al mondo dopo Google.

Chiaramente la creazione di video è molto più impegnativa che la scrittura di qualche post o la pubblicazione di qualche immagine, noi utilizziamo dei tool tipo Animoto, che consentono la creazione di bei filmati in tempi brevi."

"Effettivamente sono certa che il coinvolgimento che da un bel video, l'emozione che trasmette, è sicuramente maggiore di qualsiasi altro elemento multimediale, uno dei grossi problemi che fino ad oggi ci ha frenato nell'aggiungere video è la complessità nel realizzarli, ma se come dici tu Franco, si riesce con dei programmi a produrli agevolmente sicuramente può essere una buona idea"

Aggiunge Giulia, a cui piace sempre di più quello che Franco sta proponendo.

48) Apri il canale YouTube per comunicare con i video

YouTube è il secondo sito al mondo più visto! I video rappresentano il futuro della comunicazione, cura in particolar modo la creazione e pubblicazione dei video sia su Facebook che su YouTube

---

Franco continua la presentazione del suo progetto parlando ancora dei canali social.

"Ogni potenziale cliente in base alle sue attitudini, alla nazione di appartenenza, all'età, frequenta diversi tipi di social network per questo motivo noi cerchiamo di essere presenti su tutti.

Nel piano editoriale ho previsto anche la creazione di account Twitter che pur essendo poco utilizzato in Italia, sicuramente lo è molto in alcuni paesi esteri come l'America. Per questo motivo è importante essere presenti anche lì"

49) Crea il tuo account Twitter, usa i diversi social

Twitter sicuramente è più usato all'estero che in Italia, basta vedere come Donald Trump comunica prevalentemente con questo social. Se non hai risorse per tenere aggiornato questo canale, puoi collegarlo a Facebook, così quello che scrivi su Facebook, sarà automaticamente pubblicato su Twitter.

Gli ultimi due social network che abbiamo preso in considerazione in questo piano editoriale, sono Instagram e Pinterest entrambi specializzati nella condivisione di immagini.

Instagram si collega bene con Facebook avendo quest'ultimo acquisito la piattaforma, la comunicazione per immagini risulta essere molto efficace, alcuni grossi brand soprattutto della moda iniziano a fare investimenti estremamente importanti proprio su Instagram.

Su Instagram le immagini sono ordinate in maniera cronologica, per questo motivo ad esempio, è ottimale nel caso in cui si volesse fare una sorta di album fotografico raccontando la storia tramite le foto."

50) Presenta la tua azienda ed i tuoi prodotti su Instagram

Utilizza Instagram Stories per raccontare la storia della tua azienda e dei tuoi prodotti: www.gopt.it/mpt/instagramstories

---

"L'ultimo canale che abbiamo preso in considerazione è Pinterest, contrariamente ad Instagram su Pinterest le immagini sono ordinate in maniera tematica, pertanto qui faremo una sorta di bacheca tematica dove andremo a inserire le immagini più significative della vostra attività."

Ottaviano resta un po' dubbioso sul presenziare tanti canali perché poi richiedono risorse importanti e non è sempre semplice gestirli in maniera corretta, preferirebbe utilizzare pochi canali ma in maniera ottimale, ad ogni modo lascia esporre a Franco quello che aveva pensato per la promozione della cantina.

51) Comunica con le foto, apri il tuo canale Pinterest

Crea le tue bacheche con fotografie, video ed immagini, condividile sui diversi canali social.

"Giulia come vedi abbiamo previsto un ampio piano di comunicazione sui social network che copre diversi aspetti, chiaramente ci focalizzeremo su quelli che ci daranno maggiori risultati, però è bene in fase progettuale prevederli tutti o quantomeno aprire l'account, anche solo per la brand protection."

Franco aggiunge questa precisazione vedendo che Ottaviano non era molto convinto dei tanti social presi in considerazione.

"Inoltre, per alcuni social network, possiamo effettuare dei collegamenti per la ripubblicazione automatica, anche se ciascuna piattaforma ha le sue peculiarità e andrebbe curata manualmente, nel caso non si hanno troppe risorse disponibili, potremmo ad esempio agganciare inizialmente Facebook e Twitter, in maniera tale che quello che andiamo a pubblicare su Twitter ce lo troviamo poi anche su Facebook."

52) Condividi i contenuti, interagisci con i media del settore

Riutilizza lo stesso contenuto declinandolo in diversi formati, ad esempio se hai realizzato un video, puoi estrarre il testo e realizzarci un articolo, estrarre l'audio e presentarlo in un podcast. Creare contenuti di valore è impegnativo per questo motivo una volta realizzati, diamo loro la massima visibilità.

"Per alcuni progetti più strutturati utilizziamo delle piattaforme integrate, che consentono di scrivere su più social network da un unico programma, vedere le recensioni, effettuare i commenti ed hanno tante altre funzionalità in un solo posto dove operare.

Da anni utilizziamo con soddisfazione Hootsuite, che è una piattaforma molto valida che consente, una volta agganciati tutti i diversi canali di comunicazione, la pianificazione e programmazione dei contenuti, addirittura il programma dispone di un sistema intelligente che pubblica i testi nel momento in cui i nostri follower ci seguono di più per aumentare l'ingaggio.

Con questi strumenti riusciamo quindi a veicolare in maniera ottimale i diversi messaggi sulle diverse piattaforme ottimizzando anche le risorse necessarie."

53) Usa piattaforme integrate per la gestione dei social

Piattaforme di gestione dei Social Network come Hootsuite®, ti consentono di presenziare i diversi canali social in maniera centralizzata da un unico programma, risparmiando tempo e soldi. vedi: www.gopt.it/mpt/gestionesocial

---

Ottaviano conosce chiaramente le piattaforme presentate da Franco, ritiene che per una piccola cantina come quella di Giulia alcuni automatismi, se gestiti correttamente, possono sicuramente fare la differenza per raggiungere i traguardi prefissati.

Franco conclude la descrizione sul piano editoriale.

"Giulia, Ottaviano, come vedete abbiamo fatto una bella panoramica sui diversi servizi e strumenti che abbiamo pensato di inserire all'interno del piano editoriale, ho tralasciato alcuni aspetti come la Newsletter e la promozione tramite pay-per-click sia su Facebook che su Google, perché mi piacerebbe prima capire se questo approccio può essere in linea con quelle che sono le vostre aspettative. Il costo per l'implementazione di questo piano editoriale è un canone mensile di questo importo, che vedete qui sul preventivo, chiaramente non dovete darmi una risposta subito; Giulia ti lascio il tempo per parlarne a tu per tu con Ottaviano, che vedo essere una persona molto esperta e sicuramente ti saprà consigliare bene sul da farsi."

Giulia ha ascoltato con estremo interesse e piacere la panoramica che ha offerto Franco per la promozione della sua cantina

"Grazie Franco sei stato molto esaustivo, devo dirti che mi hai fatto veramente una bella impressione, senz'altro valuteremo con Ottaviano la tua proposta che ritengo essere molto seria, nei prossimi giorni ti daremo una risposta se avviare o meno i lavori."

Giulia e Ottaviano ringraziano Franco per la disponibilità ed escono dall'ufficio.

"Allora cosa ne pensi di questa agenzia può fare al caso nostro?"

Chiedi Giulia.

"Devo dirti che sei stata veramente in gamba a trovare un'ottima agenzia, io non perderei tempo e inizierei subito il lavoro, anche il costo che ti hanno chiesto per la gestione mi sembra corretto ed è in linea con quello che era il budget che abbiamo a disposizione."

"Bene bene, sono proprio contenta che siamo partiti con il piede giusto, caspita parlando con Franco si è fatto tardi sono quasi le otto che dici mangiamo qui a Tolentino?"

"Sì Giulia con piacere, ma non saprei dove andare cosa facciamo ci affidiamo agli strumenti digitali apriamo Trip Advisor?"

"Certamente, ormai siamo nel mondo digitale"

Sorride Giulia mentre prende il suo cellulare e cerca un ristorante carino nelle vicinanze.

"Qui su Trip Advisor, il ristorante chiamato "La cisterna" sembra avere ottime recensioni e fa cucina tipica, che dici andiamo lì allora?"

Ottaviano annuisce e i due si recano presso il ristorante che aveva trovato Giulia.

Al ristorante i due amici assaggiano le tante specialità della casa, sorseggiano un buon vino, apprezzano in particolar modo le famose olive all'ascolana preparate con la ricetta tradizionale.

Capitolo 8
Rimani in contatto con i tuoi clienti con la newsletter

Giulia e Ottaviano ringraziano e fanno i complimenti al titolare del ristorante che li ha fatti sentire come se fossero a casa loro.

I due salgono in auto per ritornare verso Matelica, Giulia tornando a casa propone:

"Senti, non voglio farti fare troppo tardi, ma visto che siamo qui ti voglio portare a vedere un paese nelle vicinanze veramente carino, si chiama Serrapetrona, lì si produce l'unico vino con tre fermentazioni, la vernaccia di Serrapetrona."

"Accetto con piacere, se continuo a mangiare così quando ritorno a casa peserò 3 kg di più ma sicuramente ne sarà valsa la pena!"

Dice sorridendo Ottaviano.

Sulla strada che porta da Tolentino a Serrapetrona Giulia chiede alcuni chiarimenti sul preventivo che Franco gli ha presentato.

"Franco nel preventivo mi ha parlato dell'importanza della newsletter cosa dici tu, effettivamente può tornarci utile? Oppure al momento non è necessaria?"

"Giulia la Newsletter è un asset digitale che non può assolutamente mancare in un piano editoriale serio, il prezzo dell'acquisizione di nuovi clienti è fino a 10 volte maggiore rispetto al cercare di vendere al cliente già acquisito.

La newsletter ci consentirà di rimanere in contatto in maniera efficace ed economica con i clienti già esistenti, sarà semplice invitarli ad eventi che organizzerai, coinvolgerli in promozioni che farai sul sito o in occasione di periodi particolari, tipo Natale, dove le vendite anche sulle commesse possono essere importanti.

Per questo motivo chiederemo a Franco di integrare la Newsletter nel piano editoriale.

54) Crea il tuo asset digitale con le mail

L'e-mail marketing è lo strumento di marketing con il più alto ritorno d'investimento ROI (return on investment), comunica con i tuoi clienti in maniera efficace con le mail.

I due percorrono la collina attraverso la strada serpeggiante che porta a Serrapetrona, Ottaviano continua a dare importanti informazioni a Giulia riguardo l'utilità della newsletter.

"Vedi Giulia, costruire una banca dati, un archivio dei tuoi contatti, risulta essere di fondamentale importanza, potrai inviare delle comunicazioni a mezzo email e aggiornare tale lista utilizzando opportuni programmi; potrà tornarti utile ad esempio quando parteciperai a fiere di settore e dovrai magari inviare degli inviti ai buyer e agli altri importatori.

La stessa lista di contatti potrà essere utilizzata anche per effettuare una custom audience su Facebook (pubblico personalizzato), ossia caricando la lista all'interno di Facebook potrai mostrare questi tuoi clienti a degli annunci pertinenti della tua cantina, questo ti consentirà di fare pubblicità su Facebook in maniera molto efficace a costi veramente bassi."

"Caspita Ottaviano quando mi dici queste cose mi fai paura, non vorrei assillare troppo i nostri clienti"

"No al contrario, invece di mostrare i tuoi contenuti a persone non interessate, semplicemente offri degli approfondimenti a chi ti segue e quindi dai un valore aggiunto al modo di fare del buon marketing"

55) Costruisci la lista dei tuoi contatti, utilizza la newsletter

Utilizzando sistemi di mail marketing evoluti, puoi tramite il marketing automation, implementare meccanismi automatici che profilano il tuo cliente, si sincronizzano con il tuo CRM, offrendo un prodotto e/o servizio specifico per le esigenze del cliente.

"Dovremmo chiedere a Franco quale tipo di programma utilizza per inviare newsletter, con alcuni miei clienti utilizzo programmi come GetResponse e Mail Chimp, con ottimi risultati.

Questi programmi non inviano semplicemente delle newsletter, ma consentono una gestione completa dei contatti, come ad esempio la registrazione automatica del contatto e-mail, qualora i nostri clienti facciano un ordine sull'e-commerce, e la cancellazione automatica, nel caso l'email non è più funzionante, molto semplicemente perché il cliente non vuole più ricevere aggiornamenti e quindi si può cancellare in maniera automatica come prescritto dalla normativa sulla privacy.

Questi programmi consentono di gestire i contatti in maniera semplice, efficace, rispettando anche le norme vigenti"

56) Scegli la piattaforma ideale per la tua newsletter

Per iniziare ad utilizzare le newsletter puoi utilizzare programmi gratuiti tipo Mail Chimp, per avere il massimo dei benefici scegli programmi evoluti vedi: www.gopt.it/mpt/piattaformenewsletter

---

Giulia e Ottaviano arrivano finalmente nel paesino di Serrapetrona; passeggiando nel paesino vedono un'osteria aperta.

Entrano ed ordinano la famosa Vernaccia con i tozzetti alle mandorle.

"Carino questo posto e devo dire che la Vernaccia rossa di Serrapetrona è veramente ottima."

Dice Ottaviano sorseggiando e mangiando dolcetti.

"Sì la Vernaccia è molto particolare, sicuramente piacevole, e poi una volta l'anno qui c'è una festa molto carina durante la quale il paese si popola di turisti ed appassionati, la Sagra della Vernaccia."

Capitolo 9
Utilizza campagne pay per click

Anche a Giulia piace molto la Vernaccia di Serrapetrona, ma mai come quella sera era così gustosa da bere, sicuramente la compagnia di Ottaviano faceva la differenza

"Senti Ottaviano volevo chiederti un'ultima cosa, giuro che poi basta parlare di lavoro, Franco nel preventivo ci consigliava di prevedere un budget per le campagne a pagamento su Facebook e su Google, tu cosa mi consigli di fare?"

"Sicuramente una volta messo il nuovo sito ed implementata buona parte del piano di comunicazione aziendale, a quel punto dovremmo mettere benzina nel motore, ossia per avere un impatto maggiore e raggiungere tanti più clienti, dovremo utilizzare la sponsorizzazione a pagamento valutando bene però con il ritorno di investimento il cosiddetto ROI."

"Quando ad esempio scriviamo dei post all'interno della nostra pagina Facebook, mediamente si riesce a raggiungere solo una piccola percentuale di quelli che sono i nostri fan, più precisamente se la nostra pagina ha 1000 fan generalmente meno del 10% di questi vedranno i nostri contenuti. Se invece facciamo la sponsorizzazione del post potremmo, anche con piccoli budget, far vedere a tutti i nostri 1000 fan il messaggio ed addirittura ai loro amici.

Quindi è chiaro che se investiamo tanto per fare belle foto e produrre vari contenuti, a quel punto sarebbe sbagliato non utilizzare Facebook al massimo delle potenzialità"

Giulia credeva che Facebook fosse una piattaforma gratuita e non aveva idea di quali meccanismi ci siano dietro ed i costi.

"Vedi Giulia quando ad esempio Facebook ti chiede cosa stai facendo, oppure quali sono i tuoi interessi, in realtà non è perché gli interessa molto quello che fai, ma "chiede" queste informazioni in maniera tale che poi, chi fa pubblicità, le possa utilizzare per selezionare meglio il pubblico, quindi se vogliamo Facebook è gratuito ma in cambio comunichiamo le nostre abitudini, che vengono usate dalle aziende per fare inserzioni efficaci e mirate."

57) Amplifica la diffusione dei messaggi con Facebook ADS

La visibilità organica di Facebook delle pagine aziendali si riduce drasticamente ogni anno. Se vuoi raggiungere un pubblico ampio devi necessariamente utilizzare le sponsorizzazione di Facebook per raggiungere il tuo target

---

Ottaviano continua a spiegare le promozioni a pagamento su Facebook e su altre piattaforme con tutte le potenzialità da sfruttare.

"Sul web la privacy è molto relativa, hai mai notato ad esempio cercando delle scarpe su Zalando, Amazon o altri prodotti, che per diversi giorni ritrovi la pubblicità di quei prodotti cercati anche in altri siti?

Se vogliamo, da una parte, è una pubblicità poco invasiva perché ci mostra esattamente quello che in quel momento ci interessa e soprattutto è una pulce efficace per le aziende, perché mostra l'annuncio per beni pertinenti al giusto pubblico e ha un'efficacia decisamente maggiore di una pubblicità generica.

Questo meccanismo si chiama di retargeting, ed è una forma di promozione estremamente efficace, anzi tra le più efficaci che dovremmo prendere sicuramente in considerazione"

Giulia è molto interessata a questa promozione del retargeting e chiede maggiori informazioni.

"In pratica mi sembra di aver capito Ottaviano, che facendo il retargeting, ad esempio qualora un importatore o un ristorante visiti il nostro sito Internet, anche dopo settimane o addirittura mesi io posso mostrare un annuncio, una promozione della nostra cantina dentro Facebook oppure anche in altri siti?" È corretto?"

"Esattamente hai capito benissimo, la cosa bella è che oggi implementare questi sistemi è alla portata di tutti e non è poi così complicato"

58) Utilizza il remarketing e retargeting per seguire i tuoi clienti

Il retargeting ed il remarketing sono tra i diversi tipi di sponsorizzazione, quelli con il più alto tasso di conversione, perché chi vede le promozioni ha già interagito con il nostro brand è ci conosce, favorisci l'uso di queste strategie nella tua campagna di marketing.

I due continuano a discutere animatamente alternando al lavoro le storie personali, raccontandosi dei loro pezzi di vita, Ottaviano conclude poi alcuni chiarimenti sulla promozione a pagamento nei diversi canali perché vuole aiutare il più possibile Giulia a raggiungere degli obiettivi.

"Il retargeting funziona bene, può essere utilizzato anche quando potenziali clienti visitano il vostro sito e li vogliamo poi, in qualche maniera, inseguire all'interno di altre navigazioni che faranno su Internet."

"Chiaramente all'inizio il sito è poco conosciuto e quindi andremo a valutare anche altri servizi come ad esempio quello offerto da Google con degli annunci sulla rete display.

In pratica dovremmo realizzare dei piccoli annunci testuali o con dei banner, nel nostro caso ad esempio "verdicchio come non l'hai assaggiato prima", e tramite la piattaforma di Google potremmo mostrare questo annuncio all'interno di tanti siti Internet, anche se il nostro potenziale cliente non ha mai visitato il sito."

59) Valuta l'utilizzo della Rete Display di Google

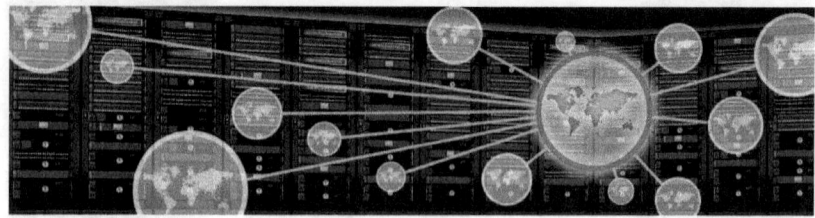

La rete display ti consente di posizionare le tue promozioni su siti mirati, una strategia di marketing potente che però richiede una gestione accurata.

"Chiaramente il mondo della promozione a pagamento è estremamente ampio e potremmo discuterne per giorni, però voglio darti l'ultima informazione per avere una breve panoramica, così anche quando discuterai con Franco saprai di cosa state parlando.

L'ultimo sistema che va preso in considerazione, per far trovare la tua azienda proprio nel momento che qualcuno la cerca ed essere primi su

Google, è il programma di Adwords dello stesso Google, tramite questo sistema possiamo con un meccanismo simile all'asta, acquistare delle parole chiavi, ossia delle frasi strategiche per il nostro business e avere la garanzia di essere posizionati nelle prime posizioni, questo sistema chiaramente è un pay-per-click, ossia si paga per ogni clic che l'utente fa sull'annuncio, che compare quando sta ricercando quella specifica frase. Chiaramente Giulia capisci che questo sistema è estremamente potente perché immagina nel nostro caso di voler esser primi con la frase:

"Produttore di verdicchio" questo porta traffico qualificato al sito, però, tutti vogliono essere i primi su Google e quindi il rischio è che per questo sistema chiaramente i costi potrebbero essere alti.

Quindi se vogliamo essere nelle prime posizioni Google possiamo farlo in due maniere: la prima è quella che si chiama posizionamento organico, richiede molto tempo perché dobbiamo inserire continuamente contenuti di valore all'interno del nostro sito, ricevere link esterni, questo è un progetto a medio lungo termine che ci consente di galleggiare nelle prime posizioni Google e in questo caso se un potenziale cliente clicca sul nostro sito non paghiamo nulla.

Il posizionamento organico richiede del tempo, mesi, a volte anche anni per poter essere implementato correttamente e oltre tutto non abbiamo neppure la certezza di essere primi, ma spesso risulta essere per un progetto lungimirante la scelta migliore.

Soprattutto all'inizio invece, per stimare quali sono i volumi di traffico che alcune frasi che noi riteniamo strategiche possono generare può essere utile fare una pubblicità a pagamento su Google Adwords, iniziare a ricevere i primi contatti e vedere se effettivamente da lì riusciamo a concludere i primi affari, che poi alla fine è quello che ci interessa."

"Mamma mia Ottaviano non so se è la vernaccia o le troppe informazioni che mi stai dando che mi fanno girare la testa"

Dice sorridendo Giulia guardando negli occhi Ottaviano

60) Usa Adwords per essere primo su Google

Con Adwords puoi essere primo su Google, quando potenziali clienti ti cercano. È uno strumento efficace ma anche oneroso in termini economici. Non avviare campagne promozionali su Adwords, prima di ottimizzarle, altrimenti brucerai soldi inutilmente.

I due escono dalla locanda e si dirigono verso la macchina per tornare a casa, mentre camminano Giulia prende la mano di Ottaviano, lo abbraccia e gli dà un bacio.

"Grazie Ottaviano per tutto quello che stai facendo per noi, non saprò mai come sdebitarmi, è stata proprio una fortuna incontrarti casualmente"

"Forse la fortuna è stata mia, chi sa"

Dice Ottaviano ridendo.

Capitolo 10
Rafforza il tuo brand, crea connessioni

Rientrati a Matelica i due vanno a dormire, Ottaviano alloggia nella camera degli ospiti che gli avevano preparato.

La mattina seguente il sole è già alto nel cielo ed illumina le calde colline marchigiane.

"Buongiorno Ottaviano ben alzato, dormito bene?"

Dice Giulia con un viso più splendente che mai.

"Mai dormito così bene, sarà l'aria forse."

Giulia invita Ottaviano a fare colazione.

"Conclusa la colazione se ti va, ti faccio fare per un giorno il contadino, devo fare alcune pulizie ai filari e sistemare alcuni tralci, che ne dici?"

"Certamente Giulia, non possiamo vivere solo di internet, senza i preziosi doni della terra il resto conta veramente poco"

"Eh sì, proprio vero che siamo quello che mangiamo, per questo motivo è fondamentale mangiare meno e meglio."

I due fanno un'abbondante colazione, in vista della giornata piuttosto impegnativa.

Dopo poco tempo si recano ai filari dell'azienda e li iniziano a discutere nuovamente delle prossime decisioni.

"Ottaviano la prossima settimana, allora, confermo il preventivo a Franco così andiamo avanti come abbiamo detto, va bene?"

"Certamente, io non perderei ulteriore tempo, anche perché già nei prossimi mesi voglio vedere arrivare i primi contatti concreti e far girare bene tutti questi ingranaggi. Mi raccomando parla bene con Franco anche per quanto riguarda il rafforzamento del tuo brand e del marchio e quali attività prevedete di fare sotto questo ambito"

"Non capisco spiegami meglio?" chiede Giulia indaffarata.

"In pratica dovremmo rafforzare il tuo brand creando delle nuove connessioni in maniera tale che la tua cantina per chi cerca del verdicchio, sia rilevante agli occhi di un potenziale cliente; questo va fatto con diverse attività che, anche se non realizzate immediatamente, vanno pianificate bene fin da subito, dovremmo in qualche maniera stimolare il passa parola, anche quello digitale, per far conoscere ad un pubblico sempre più ampio la tua cantina."

61) Stimola il 'passaparola'

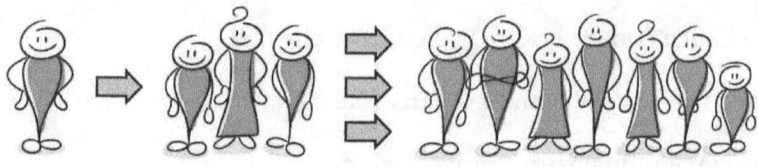

Oggi giorno è più semplice che mai stimolare il passaparola, grazie all'uso dei social network, delle condivisioni, se riusciamo a creare True Fan, questi saranno ambasciatori del nostro marchio.

"Ottaviano sicuramente è importante, se vogliamo avere anche risultati significativi, che il nostro nome sia nella mente dei potenziali clienti. Come possiamo quindi farci conoscere e potenziare il nostro marchio e il nostro brand?"

"È più semplice a dirsi che a farsi Giulia, chiaramente il brand è fondamentale per qualsiasi azienda; immagina ad esempio nel settore moda due magliette identiche, fatte con gli stessi materiali, lo stesso taglio sartoriale, con l'unica differenza che la prima è di un marchio famoso l'altra è anonima; la maglietta firmata, anche costando 10 volte di più dell'altra verrà scelta da tante più persone, ecco questa è la potenza del brand e per questo motivo le aziende investono budget molto significativi per rafforzarlo e far conoscere il loro marchio.

Le attività che possono essere fatte sono veramente tante nel nostro caso; potremmo valutare la collaborazione con blog settoriali, articoli scritti da persone autorevoli che parlano bene della tua cantina o ne apprezzano i prodotti che produce, possono sicuramente spostare l'interesse dei potenziali clienti e quindi impattare in qualche modo sulle vendite"

62) Collabora con blog settoriali

Nel settore agroalimentare, i Food Blogger grazie alla loro influenza, spostano quote di mercato importanti, anche piccoli blog settoriali consentono di far conoscere il nostro marchio, collabora con queste realtà.

"Altri sistemi per rafforzare il brand possono essere di far trovare la tua cantina quando le persone cercano informazioni su Internet, inserendola in una directory archivi rilevante per il tuo settore.

L'inserimento del tuo sito in archivi e liste dove sono presenti anche altri concorrenti, oltre ad aiutare il posizionamento su Google e gli altri motori di ricerca, aiuta il cliente a riporre maggiore fiducia sul brand; di un'azienda veramente rilevante non ci aspettiamo di vedere solamente il suo sito e la sua pagina Facebook ma ci aspettiamo di vederla in tanti altri contesti, perché maggiori sono i canali e le aree che riusciamo a potenziare, maggiore sarà la forza del marchio che verrà percepita dai nostri potenziali clienti"

63) Inserisci il tuo sito su directory rilevanti

Le directory in passato erano uno dei principali sistemi per ottenere link da siti esterni, oggi sicuramente la loro importanza è stata ridimensionata, ma per un corretto marketing mix, valuta l'inserimento in directory settoriali che porteranno traffico verso il vostro sito e miglioreranno il posizionamento su Google.

"Quindi oltre a raccontare la storia della tua azienda, dei tuoi prodotti, dei processi produttivi, sarebbe opportuno creare contenuti rilevanti per gli appassionati addetti al settore.

Immagina di scrivere un e-book, ossia un mini libricino digitale da far scaricare gratuitamente all'interno del tuo sito, che potrebbe essere ad esempio: "le 10 cose da sapere prima di acquistare un ottimo verdicchio", questo sistema dà valore e contenuto, e per chi lo legge non è una pubblicità diretta. Chi firma e pubblica l'opuscolo sarà ritenuto maggiormente autorevole, oltretutto questo sistema potrebbe essere anche utile per acquisire contatti email.

Potremmo mettere sempre all'interno del sito la dicitura: "lascia la tua email per scaricare gratuitamente questo post informativo sul vino", in questo modo raggiungeremo diversi obiettivi insieme; primo quello di renderci maggiormente autorevoli nei confronti dei potenziali clienti, secondo quello di dare un valore con informazioni valide a chi scarica il contenuto avendo infine un contatto email, da utilizzare in futuro per proporre i prodotti della nostra azienda"

"Caspita Ottaviano sei un contadino veramente evoluto! Non mi è mai capitato di trovare un collaboratore così efficace."

Dice Giulia sorridendo

64) Crea contenuti rilevanti, articoli, interviste, tavole rotonde

Spesso si sente dire la celebre frase, pronunciata oltre 20 anni da Bill Gates "Content is the King". Si nonostante la tecnologia si evoluta tantissimo, i contenuti di valori sono quelli che fanno ancora la differenza, crea anche tu contenuti di valore per coinvolgere il tuo pubblico.

I due continuano a ripulire la vigna sotto un bel sole cocente, Giulia guarda con quanta cura Ottaviano, pur non essendo esperto, sistema i tralci dell'uva, oramai è chiaro che Giulia non trova in Ottaviano un semplice professionista che può aiutarla nell'ambito lavorativo, ma lo vede come un uomo ideale, con cui condividere tutte le cose belle che la vita può portarle.

"Cosa fai? Mi sembra che lavori poco questa mattina, più che altro stai a guardare."

Dice Ottaviano scherzando.

"Ti sbagli stavo semplicemente controllando se il contadino faceva bene il suo lavoro, mi piace come stai lavorando forse ti chiamerò nuovamente"

Risponde Giulia, ed entrambi si fanno una bella risata.

I due parlano allegramente del più e del meno, così la mattinata scorre via velocemente. Ottaviano sa che il giorno dopo sarà lunedì e dovrà rientrare a Verona, quindi cerca di fornire quante più informazioni possibili a Giulia per poter fare un bel lavoro.

"Giulia come stavamo dicendo, scusa se torno sul marketing per la tua cantina, ma le prossime settimane avrò molto lavoro e quindi ci sentiremo un po' meno, allora voglio darti quante più informazioni possibili."

"Certo, capisco benissimo e ti ringrazio per il grosso impegno: mi dicevi quindi che per creare un brand sempre più forte ed un marchio sempre più riconoscibile, è importante creare tanti contenuti rilevanti, ma è semplice scrivere così tante cose interessanti per gli altri?"

"Sì, l'osservazione che fai è corretta, sicuramente non è facile andare a creare contenuti validi in maniera continuativa, c'è un'altra strada però, che come dicono gli inglesi è la Content Curation, o più semplicemente la cura e la selezione degli articoli e delle informazioni più importanti per un determinato settore. Cerco di spiegarmi meglio: oggi in Internet ci sono anche troppe notizie, non è semplice per gli utenti trovare quelle più utili su un determinato argomento, quindi se qualcuno con esperienza in un settore specifico, filtra e raggruppa gli articoli e le informazioni del mondo del vino e del verdicchio, nel tuo caso specifico più rilevanti, e mostra una decina di risultati anziché un centinaio, questo fa risparmiare tempo all'utente e consente all'azienda di farsi conoscere. Facendo l'esempio di Facebook, non necessariamente dobbiamo sempre scrivere dei contenuti nuovi che parlano dell'azienda o del mondo del vino, possiamo, anzi è auspicabile farlo a volte, condividere articoli importanti sul mondo del verdicchio, anche se questi sono stati scritti da altri, l'importante è che siano contenuti di qualità, questo aiuta l'utente che ci segue e dà alla tua azienda maggiore autorità."

65) Cura contenuti rilevanti

Negli ultimi 10 anni, sono stati realizzati più contenuti che nell'intera storia dell'uomo. Oggi il problema è diventato quello di filtrare solo i contenuti rilevanti, filtra e condividi i contenuti più rilevanti per il tuo settore.

"Vedi Giulia le attività e le promozioni da fare, sono davvero tante, per questo consiglio sempre di affidarsi ad esperti del settore. Ora voglio parlarti degli ultimi due sistemi per promuovere l'azienda e dare una maggiore visibilità del marchio.

Internet, se vogliamo, è sotto alcuni aspetti molto simile alla carta stampata; pensiamo ai giornali, dove spesso vediamo informazioni ed articoli, una cosa simile possiamo farla all'interno di Internet, ossia in maniera digitale pubblicare dei comunicati stampa in occasione di eventi particolari, quali il lancio di nuove produzioni, i riconoscimenti ed i premi ricevuti dalla cantina per la partecipazione a fiere.

Anche questa strategia chiaramente, ha un impatto molto marginale da sola, ma messa all'interno di tutto il contesto del piano editoriale, aiuta a creare una maggiore entità della tua azienda e fa sì che agli occhi di potenziali clienti, la tua cantina sia da prendere in considerazione come fornitore."

"E pensare che credevo che il sito Internet fosse sufficiente per fare tutto, solo ora capisco veramente che è un tassello importante di un puzzle, ma senza gli altri tasselli sicuramente serve a poco." Aggiunge Giulia.

"Solamente ora inizio a capire veramente quali sono le strategie necessarie e il grosso lavoro che va fatto per rendere il marchio conosciuto, per poter poi vendere con maggiore facilità."

66) Pubblica comunicati stampa

Dai voce alle iniziative, eventi correlati alla tua attività, utilizza i diversi canali disponibili per diffondere le notizie più rilevanti.

"L'ultima strategia di cui ti vorrei parlare per rafforzare il vostro marchio ed essere ancora più autorevoli, è quello di valutare la realizzazione di mini siti satelliti verticalizzati che sono a tematica specifica"

"Oddio, mi sono persa, cosa sarebbero questi "mini siti verticalizzati"?" chiede Giulia arrestandosi improvvisamente.

"In pratica, nel tuo caso, oltre ad avere il sito "Casadivino", potremmo pensare di realizzare un sito specifico sul verdicchio, ad esempio "Verdicchiostory", all'interno del quale inseriremo un blog con articoli e contenuti rilevanti sul mondo del verdicchio.

Quindi il sito apparirebbe agli occhi degli utenti che lo visitano, come un normale sito che parla del verdicchio, chiaramente poi, in maniera non invasiva su tutte le pagine, sarà presente il collegamento al tuo sito ufficiale.

Da una parte, questo aiuta sicuramente il brand, quindi a veicolare i nuovi potenziali clienti da altri canali, ma serve anche ad essere presenti su Google, non in una sola posizione, ma in più posizioni e quindi avere molta più probabilità che chi cerca informazioni sul verdicchio, trova prima la tua azienda rispetto a quelli concorrenti.

Questa è chiaramente una strategia avanzata che consiglio di pianificare ma non di fare subito, che però va presa in considerazione."

"Ottaviano sei un'enciclopedia parlante, ne sai una più del diavolo!"

Dice Giulia ridendo.

67) Valuta la realizzazione di mini-siti satellite verticalizzati

Domina il mercato con siti settoriali specifici per il tuo settore, ti consentirà di potenziare il tuo brand e le tue vendite.

Il tempo corre velocemente mentre i due parlano delle tematiche di marketing da poter applicare alla cantina di Giulia, per valorizzare nel migliore dei modi la sua azienda e i suoi prodotti.

"Direi di tornare a casa un po' prima perché a pranzo abbiamo degli ospiti"

Dice Giulia, precisando che a pranzo sarà presente anche il loro enologo con un suo amico.

"Ottimo sono curioso di conoscere anche il vostro enologo, sai come le strategie di marketing sono importanti e sicuramente possono fare la differenza, ma se poi manca la base un buon vino quello che facciamo non serve nulla"

Dice Ottaviano a Giulia mentre i due si dirigono verso casa per pranzare.

Capitolo 11
Fatti notare dai tuoi clienti, emozionali

Giulia prepara le ultime cose per pranzo, saranno cinque persone a tavola, lei, Ottaviano, suo fratello Antonio, l'enologo Carlo ed infine Gian Basilio, che è un noto imprenditore conosciuto nell'ambiente vinicolo delle grandi cantine.

Dopo le presentazioni di rito, i commensali mangiano e discutono animatamente.

"Complimenti Carlo ho visto che con Giulia e suo fratello in cantina avete fatto un ottimo lavoro, anche la scelta del vino verdicchio biologico e vegano è sicuramente strategica, consente di presenziare alcuni mercati di nicchia dove potrete fare molto bene"

Dice Ottaviano complimentandosi per il lavoro svolto

"Sì Ottaviano, con Giulia, ma soprattutto con Antonio, abbiamo deciso di intraprendere questo percorso, siamo certi che, se comunicato correttamente e soprattutto grazie al tuo aiuto, saprà portarci grandi apprezzamenti"

Risponde Carlo contento che il lavoro che sta svolgendo sia stato apprezzato anche da Ottaviano.

"Sai Ottaviano crediamo che per una cantina come la nostra che chiaramente non può puntare, viste le dimensioni, sulla quantità, ma deve necessariamente produrre vini di qualità, abbiamo voluto diversificare e cercare di farci apprezzare con questa linea di vini biologici e vegani, che crediamo rappresenti delle quote di mercato sempre più crescenti, a noi Ottaviano, piace definirci artigiani del vino" dice Antonio, da sempre fermamente convinto che la produzione dei vini con il minimo intervento dell'uomo nei processi di produzione, sia il miglior modo di far gustare ai propri clienti un prodotto di qualità.

"Antonio sentendoti parlare sembra che sia tu l'esperto di marketing, perché hai centrato esattamente il punto, ossia cercare di differenziarsi ed essere percepiti dal mercato come unici; se vogliamo potremmo chiamarlo anche inbound marketing, ossia creare interesse verso i vostri prodotti, in maniera tale che siano i potenziali clienti distributori che vengono a cercarvi."

Precisa Ottaviano che è contento di sentire la filosofia di Antonio, perfettamente in linea con quello che deve essere un'azienda moderna orientata alle esigenze di mercato.

68) Inbound marketing crea interesse per la tua azienda

Crea iniziative che fanno parlare della tua azienda, dei tuoi prodotti e servizi, crea interesse per tenere sempre vivo il nome del tuo brand sulla testa dei clienti.

"Tu invece di cosa ti occupi Gian Basilio, sei nel settore agroalimentare?"

Chiede Ottaviano

"No Ottaviano, in realtà ho progettato e realizzato una macchina particolare, chiamata trinciaraspi, che consente appunto di trinciare i raspi riducendone di molto il volume, semplificando così le attività di smaltimento."

"Interessante, non conoscevo l'esistenza di questa macchina, il prodotto è apprezzato? Vendi solo in Italia o anche all'estero?"

Chiede Ottaviano curioso di sapere qualcosa di più su questo macchinario particolare.

"Sì vendiamo molto anche all'estero, chiaramente per grandi cantine, abbiamo installato dei trinciaraspi in Spagna, Francia ma anche oltreoceano, come in California, quindi sembra che noi italiani, se vogliamo, sappiamo fare le cose molto bene e sono apprezzate in tutto il mondo"

Precisa Gian Basilio che con orgoglio racconta i risultati conseguiti con il suo progetto.

"Complimenti Gian Basilio per quello che sto sentendo, sei proprio una bella realtà."

Concluso l'antipasto dove non poteva mancare il famoso salame spalmabile marchigiano, il Ciauscolo, a tavola si continua a mangiare e discutere piacevolmente

"Ottaviano da tempo volevo chiederti una cosa che poi mi sono sempre dimenticata di chiederti, ho visto che cantine come la nostra, ma con minor attenzione nella produzione del vino, hanno buone recensioni e vari riconoscimenti, credo sia importante anche per noi averle, come dobbiamo fare?"

Chiedi Giulia molto interessata a questo argomento

"Certamente Giulia, le recensioni ed i riconoscimenti, sono fondamentali per "certificare" la qualità dei vostri vini, capita a volte che potenziali clienti non troppo esperti diano enorme importanza a questi aspetti.

Anche perché è una leva di marketing importante, che serve appunto a qualificare il prodotto ed essere più autorevoli.

Uno dei modi migliori per avere recensioni, sembra banale, ma è quello di chiederle, non c'è nulla di male se ad un cliente che viene in cantina ed apprezza i vostri vini si invita a lasciare una recensione; non è importante su quale sito, Facebook o Google, l'importante è che lo faccia.

Se ci pensate bene ad esempio, questo si vede spesso nei ristoranti che invitano a lasciare su Trip Advisor recensioni se ci si è trovati bene.

Chiaramente per quanto riguarda le recensioni su guide, i premi ed i riconoscimenti, dovrete inviare le campionature, ma credo che qui il vostro enologo Carlo, ne sa sicuramente più di me e saprà guidarvi al meglio."

69) Migliora l'autorità con recensioni, premi, riconoscimenti

Il valore percepito di un prodotto in termini di qualità e prezzo, varia notevolmente in base alle recensioni, premi, denominazioni etc.

Immagina due vini similari un DOCG, un altro senza alcuna denominazione, quale dei due sarà percepito di maggiore qualità, quale più buono? Certa di valorizzare i tuoi prodotti anche in questo modo per aumentare il valore percepito dai tuoi clienti.

"Oltre a recensioni e primi riconoscimenti, dovrete cercare di catturare l'attenzione degli influencer marketing, ossia tutti quei soggetti rilevanti nel vostro settore, che hanno un seguito e possono condizionare fortemente la scelta durante l'acquisto.

Mi diceva un mio amico che lavora nel mondo del vino a Shanghai, che per i ristoranti di fascia medio alta, il 90% dei sommelier, dei responsabili di sala, dei manager, hanno meno di quarant'anni.

Questi soggetti, hanno potere decisionale nella scelta dei vini da inserire sulla carta; vista l'età, chiaramente, sono fortemente digitalizzati e perennemente collegati, per questo motivo è importante avere delle maturità anche on-line con premi e riconoscimenti, la spinta degli influencer può essere determinante per il successo di una cantina."

70) Collabora con gli influencer marketing

Influencer, testimonial possono cambiare le sorti del tuo brand sia in modo positivo che negativo, pianifica con attenzione queste attività strategiche di marketing.

Il pranzo scorre velocemente, la discussione è molto animata ed eterogenea, a tavola ciascuno con le proprie competenze di marketing, imprenditoriale o artigianali, contribuisce ad instaurare una bella discussione.

Concluso il pranzo non può mancare il caffè corretto con il Varnelli, un liquore all'anice molto buono, tipico della provincia di Macerata.

"Quindi come dicevamo prima, per avere successo ed essere credibili bisogna curare tutti i touchpoint"

Continua Ottaviano degustando il caffè.

"Cosa intendi per touch point?" chiede Giulia.

"In pratica sono tutti i punti di contatto che avete con il cliente, il sito Internet, il cliente che viene a fare la degustazione in azienda, il vostro agente che parla con gli acquirenti, tutti questi elementi sono touchpoint che vanno coordinati al meglio, per raggiungere l'obiettivo che vi siete prefissati."

71) Utilizza al meglio i touchpoint, rendili più efficaci

Studia con attenzione i processi d'acquisto dei tuoi clienti, rispondi in maniera efficace a prescindere dal modo in cui il tuo cliente verrà in contatto con te, sia tramite canali digitali che con quelli tradizionali.

"Devo farvi veramente i complimenti, perché in questa cantina avete creato un bel gruppo che lavora in maniera sinergica, ora quello che dovete fare, è comunicare all'esterno il grande lavoro che state facendo, avete veramente tante storie da raccontare che sicuramente saranno di interesse a molti appassionati di vino, quindi utilizzerete tutti gli strumenti di comunicazione che avete a disposizione per raggiungere un pubblico sempre più vasto e far apprezzare il vostro vino."

72) Racconta la storia della tua azienda con lo Storytelling

Sin da piccoli siamo cresciuti con le storie, raccontare la tua storia, quella dei tuoi prodotti e servizi è il modo più efficace di comunicare in maniera diretta con i tuoi clienti.

Concluso il pranzo, i partecipanti si salutano e si ripropongono di fare a breve un altro pranzetto, perché è stato molto piacevole.

Il pranzo si è prolungato più del previsto ed Ottaviano deve tornare a Verona, abbraccia e bacia sulle guance Giulia, dicendole che la chiamerà con calma quando sarà in auto per rientrare a casa.

Capitolo 12
Emoziona i tuoi clienti con elementi interattivi

Ottaviano guida la sua macchina tra le colline delle marche rientrando verso casa a Verona, ripercorre mentalmente splendidi momenti passati con Giulia.

Una volta imboccata l'autostrada chiama Giulia, anche per scusarsi che è dovuto scappare velocemente.

"Ciao da quanto tempo non ci sentiamo!"

Dice scherzosamente Ottaviano

"Ciao, mi dispiace che sei dovuto andare via velocemente, non ho fatto nemmeno in tempo a ringraziarti dei bei momenti che abbiamo trascorso insieme e soprattutto dell'aiuto"

"Giulia francamente sono stato così bene, tu e tuo fratello siete delle persone speciali, con cui si trascorre veramente bei momenti rilassanti e piacevoli; ora abbiamo tutti gli elementi, direi di metterci sotto e dare gas; mi dicevi quindi che la prossima settimana vai da Franco dell'agenzia Internet e confermi il preventivo che ti ha fatto vero?"

"Sì Ottaviano lunedì stesso andrò da Franco così partiamo subito, stai pur certo che anche se non mi sarai vicino fisicamente, continuerò a stressarti con le mie domande e i miei chiarimenti."

"Ma quale stress non scherzare, anzi ora che ho visto la vostra cantina e lo splendido posto dove siete posizionati, ti suggerisco di valutare con l'agenzia utilizzo di elementi multimediali, come ad esempio le foto 360°, che nel vostro caso consentono, anche ai potenziali clienti che stanno dall'altra parte del mondo, di vivere un'esperienza unica e scoprire da quale bel posto di qualità nascono i vostri vini."

Precisa Ottaviano cercando di consigliare al meglio Giulia; i due continuano a discutere per molto tempo su idee, progetti e cose da fare insieme per il futuro.

73) Utilizza elementi multimediali ad alta interazione

Gli elementi multimediali catturano maggiormente l'attenzione rispetto ad elementi classici come ad esempio foto statiche. Oggi realizzare dirette video, foto 360° è molto più semplice rispetto al passato, usa questi elementi per una comunicazione più efficace.

È lunedì e Giulia si reca presso l'agenzia per approvare il preventivo che era stato presentato.

"Franco a me è piaciuto molto il piano di comunicazione che ci hai presentato, anche se inizialmente avevo pensato ad un budget più limitato rispetto a quanto mi ha proposto, sono convinta che farai un bel lavoro quindi andiamo avanti così"

Dice Giulia al titolare dell'agenzia.

"Il budget non è minimo ma come avete visto, se valuti bene il lavoro che faremo, ti abbiamo fatto un buon prezzo e sono convinto che resterai soddisfatta, anche perché abbiamo inserito tanti servizi che vi saranno utili, come ad esempio il qr-code che, nella sua semplicità, consente ai clienti interessati, che vogliono saperne di più semplicemente inquadrando questo codice a barre, di aprire la tua scheda prodotto completa."

74) Crea qr-code per rendere le tue schede prodotti

I qr-code (Quick Response Code) sono codici a barre che possono essere creati facilmente e riportati praticamente ovunque, su etichette, cataloghi etc. Creare qr-code è semplice, scopri come fare a questo indirizzo: www.gopt.it/mpt/creaqrcode

---

"Sul preventivo abbiamo previsto anche elementi di marketing automation, collegati alla newsletter."

"Scusa Franco puoi spiegarmi meglio, che questa cosa non mi è chiara."

"All'interno del sito metteremo un modulo che consente a chi è interessato di far lasciare la propria email. Chi lascia l'email verrà inserito in una speciale lista dove abbiamo pianificato un invio di email automatico, più precisamente, appena iscritto, riceverà una mail di benvenuto, poi sistematicamente, dopo tre giorni, riceverà un'e-mail per far scoprire la storia della vostra azienda attraverso un video che pubblicheremo sul sito. In questo modo lasciamo il contatto caldo, ma soprattutto gestito da un programma. La stessa marketing automation la utilizzeremo poi sul tuo e-commerce, per incentivare l'acquisto ai clienti che hanno abbandonato il carrello.

In pratica all'utente che andrà sul tuo sito e avrà messo un prodotto sul carrello ma non l'ho mai acquistato, il sistema se ne accorge e dopo un periodo prefissato gli manda un'email dicendo: 'abbiamo visto che era interessato al nostro vino verdicchio biologico se non ha ancora concluso l'acquisto può farlo cliccando direttamente qui'. In questa maniera aumenteremo esponenzialmente la probabilità di incrementare le vendite."

"Franco grazie per la delucidazione, come sai io non sono esperta in queste cose, ma sono certa che quello che hai preso in considerazione ci tornerà utile"

75) Valuta la realizzazione di una app dedicata

Il marketing automation consente l'automazione di molte attività di marketing come ad esempio l'invio automatico di mail, quando un cliente abbandona il carrello del nostro negozio on-line. È una strategia molto potente, ma vista la complessità nella realizzazione, va implementata solo per aziende che hanno un piano editoriale ben sviluppato e risorse da assegnare a questa attività.

"Giulia credo che il piano editoriale che abbiamo pensato e che faremo per la cantina sia calibrato per il vostro tipo di realtà, come ben sai di attività per la promozione aziendale con i clienti, con il digitale, ce ne sono veramente tante, quelle che abbiamo scelto credo siano in questa fase di sviluppo le più efficaci. È chiaro poi che quando crescerai e avrai budget ancora più importanti da investire, potremmo valutare altre attività come la realizzazione di un'app dedicata per la tua cantina."

76) Crea esperienze interattive con il Marketing Proximity

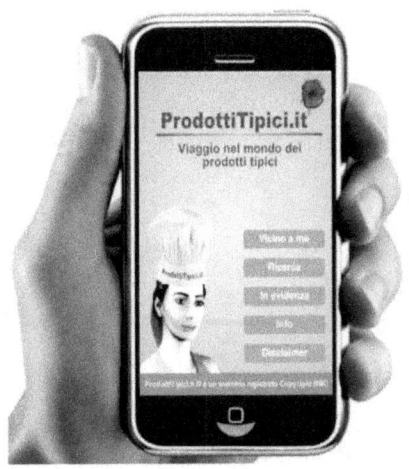

App dedicate, chat bot, consentono d'interagire con la nostra attività in maniera più immediata e diretta. In futuro, le chat bot ad esempio quelle di Facebook messanger, saranno sempre più diffuse e consentiranno di offrire in maniera immediata le prime risposte in automatico, grazie ad un algoritmo che si autoprogramma. Verifica chi e come utilizza queste applicazione che a breve saranno presenti praticamente ovunque.

"Giulia visto che hai la fortuna di avere Ottaviano al tuo fianco, che ho visto è veramente un gran professionista e ti guida, potresti valutare magari in futuro, l'adozione di tecnologie all'avanguardia come il marketing proximity, per un'esperienza ancora più coinvolgente dei clienti che visitano la tua cantina."

77) Utilizza il marketing automation

Il marketing di prossimità non sono altro che tecnologie atte a migliorare l'esperienza di chi visita la vostra azienda. Tramite il semplice utilizzo di qr-code o di Beacon (piccoli trasmettitori che sfruttano la tecnologia Bluetooth), si riescono a trasmettere al visitatore informazioni aggiuntive come schede prodotti, video multimediali direttamente sul telefonino. Immagina una visita guidata, dove il cliente cliccando un semplice bottone sul suo telefonino vede la fase di vendemmia di quel particolare vino. Queste tecnologie fonderanno sempre di più l'esperienza utente off-line con l'on-line per rafforzare sempre di più il marchio dell'azienda a favore delle vendite.

"Ottimo mi sembra che abbiamo tutti gli elementi per partire bene e che tutto sia chiaro, entro quanto tempo credi che il sito nuovo sarà pubblico e quali parti di attività previste saranno implementate?"

"Giulia ora partiamo con il sito e dal momento che tutto è chiaro e che abbiamo tutti i contenuti, non tarderà ad essere pubblicato, credo che in 4/6 settimane riusciremo ad avviare il tuo nuovo sito."

"Per quanto riguarda la grafica e la situazione del nuovo catalogo, puoi occupartene tu Franco?"

"Noi siamo specializzati nella comunicazione digitale, non ci occupiamo della realizzazione delle foto, cataloghi, opuscoli, però posso consigliarti uno studio con cui collaboriamo dove sono veramente bravi."

"Grazie mille"

Risponde Giulia, che apprezza la sincerità di Franco.

Capitolo 13
Crea la tua rete vendita

Giulia è soddisfatta dell'incontro con Franco, sa che soprattutto grazie ad Ottaviano hanno implementato una buona strategia per la comunicazione on-line, ma c'è ancora molto lavoro da fare soprattutto per la costruzione della rete di vendita.

Ritornando a casa, Giulia vede lungo il tragitto la cantina di un suo amico, Umberto, decide quindi di fermarsi ed andarlo a trovare per confrontarsi sulle strategie di marketing che usa lui, soprattutto per quanto riguarda la rete di vendita.

Giulia scende dall'auto ed incontra Umberto il titolare della cantina che stava sistemando delle bottiglie.

"Buongiorno Umberto, sono venuta a disturbarti."

Dice Giulia sorridendo.

"Buongiorno Giulia quale disturbo, non scherzare accomodati, sai che mi fa sempre piacere incontrarti."

Giulia racconta ad Umberto del lavoro che stanno facendo nella loro cantina, della decisione di specializzarsi sul vino Verdicchio biologico e vegano e di come il suo amico Ottaviano la sta aiutando nella promozione.

Umberto ascolta con interesse Giulia, si sorprende di come pur essendo una cantina relativamente giovane, sia riuscita in tempi così brevi ad implementare molte strategie di comunicazione.

"Mi piacerebbe avere un tuo parere sulle attività che stiamo facendo." Dice Giulia.

"State facendo un ottimo lavoro, ora che avete impostato un vostro marchio ed una comunicazione efficace, spingerei come giustamente mi dicevi, sulla creazione della rete commerciale. Io ad esempio, ho avuto la fortuna di trovare 3 agenti molto competenti che stanno portando ottimi risultati, ma ovviamente non è semplice. Il primo motivo è che un agente deve portare a casa ogni giorno la sua "pagnotta", se non vede un'azienda strutturata che comunica in un certo modo, non prenderà neppure in considerazione di prendere in mano il vostro catalogo, ma per questo già vi siete organizzati bene. Per la ricerca di agenti devo dirti francamente che ho provato anche a mettere delle inserzioni pubblicitarie su siti specifici, ho trovato diversi candidati, ma anche lì bisogna fare una buona scrematura."

Umberto conosce fin da piccola Giulia ed ha avuto sempre un bel rapporto di amicizia con lei, per questo motivo indica suggerimenti sinceri e svela i piccoli segreti del mestiere e quelle che per la sua esperienza, sono state le strategie più efficaci.

78) Costruisci la rete di agenti e distributori

Ogni agente in realtà è una piccola impresa, l'agente prima di prendere in mano il vostro catalogo di prodotti e servizi deve essere certo di avere un ritorno economico adeguato e certezza sull'azienda che andrà a rappresentare. Per questo motivo costruisci e posizione bene il tuo brand sul mercato, in modo tale che anche per l'agente sarà conveniente rappresentarti. Puoi trovare agenti su fiere specialistiche, siti settoriali, ma prima costruisci un brand forte altrimenti perderai solo tempo e soldi.

"Sicuramente Giulia, i migliori ordini per lo meno dal mio punto di vista, li ho acquisiti partecipando a fiere di settore."

"Conosco l'importanza delle fiere Umberto, anche perché lì è più semplice contattare clienti ed importatori, fargli assaggiare il vino, raccontando direttamente la passione e l'entusiasmo che mettiamo nel produrre ogni singola bottiglia."

"Quello che dici è corretto Giulia, ma è anche vero che non bisogna illudersi, non credere che lì in fiera tutti i potenziali clienti faranno la fila per assaggiare il nostro vino, la concorrenza è comunque spietata.

79) Crea il tuo calendario di partecipazione a fiere di settore

L'importanza delle fiere con la crescente diffusione del web è stata molto ridimensionata negli anni, ora le aziende visti anche i costi importanti da sostenere per partecipare a fiere di settore scelgono con scrupolo a quali partecipare. Ad ogni modo la fiera è sempre un momento importante di tante aziende, poter avere un rapporto umano con il cliente, far toccare con mano i nostri prodotti, farli assaggiare, stringersi la mano crea un coinvolgimento che qualsiasi tecnologia non potrà mai emulare. Se operi nel settore agroalimentare e cerchi calendari di fiere sia Nazionali che Internazionali puoi trovarli a questo indirizzo: www.gopt.it/mpt/calendariofiere

---

L'impostazione che avete scelto di dare alla vostra azienda, specializzandovi su una nicchia di mercato del biologico e vegano, è di fondamentale importanza, anche la comunicazione che fate è corretta e coerente per essere percepiti come specialisti nel vostro settore, sono convinto che vi sarà d'aiuto per la crescita della vostra azienda. Scusa Giulia, ci eravamo persi nei discorsi di lavoro, noi ti ho neppure offerto un bicchiere di vino, lo gradisci?"

"Certamente Umberto sai che apprezzo veramente i tuoi vini."

Giulia continua a parlare piacevolmente con Umberto è non vede l'ora di raccontare tutto ad Ottaviano per confrontarsi sui diversi aspetti.

"Vedi" continua Umberto fornendo preziosi consigli su come trovare nuovi clienti "La strategia di comunicazione digitale è fondamentale, perché tutti i clienti visiteranno internet per vedere chi siamo e cosa facciamo, cercheranno i prodotti che vogliono acquistare su Google ed in altri siti specialistici, quindi fare una buona impressione dal principio è fondamentale.

Ovviamente il cliente va seguito e coccolato, il rapporto umano è insostituibile in molti casi, la relazione di fiducia che riusciamo ad instaurare soprattutto con distributori e rivenditori può fare la differenza."

Aggiunge Umberto, dispensando consigli come farebbe un genitore con i propri figli.

"Per quanto riguarda i siti di settore, vi consiglio di dare un'occhiata ai marketplace che soprattutto all'esterno sono molto usati, io ad esempio ho inserito la nostra cantina sul sito Wine Spectator, specializzato per i vini ed ho visto essere valido."

80) Trova nuovi potenziali clienti utilizzando i marketplace

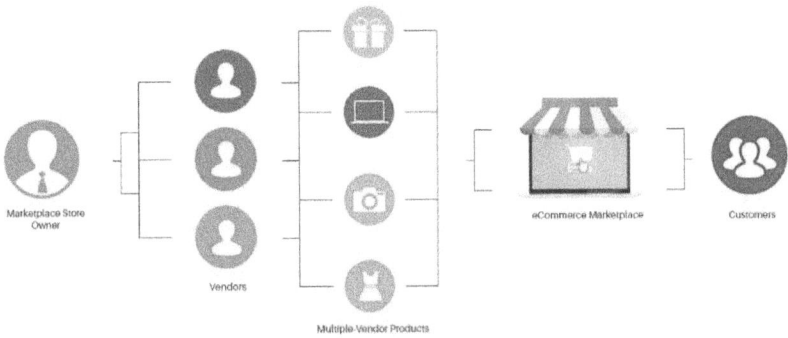

I Marketplace, sono una sorta di fiere virtuali, dove ad esempio importatori, distributori cercano nuovi fornitori, a volte specificano in dettaglio le caratteristiche del prodotto richiesto. Individua i Marketplace che possono fare al caso tuo potresti trovare interessanti contatti con cui iniziare una collaborazione commerciale.

"Infine Giulia, voglio ricordarti un vecchio proverbio Africano che dice 'se vuoi andare veloce vai da solo, se vuoi andare lontano vai insieme.

Questo deve aiutarci a pensare come l'unione fa la forza, crea reti d'impresa trasversali, pensa alle potenzialità del turismo gastronomico e le tante iniziative che possono aiutare a promuovere la tua azienda"

81) Crea reti d'impresa con aziende trasversali alla tua

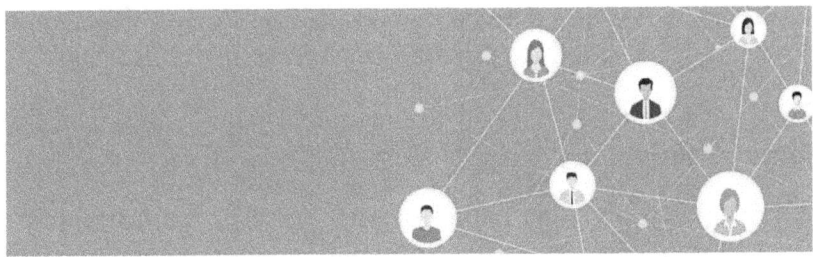

Le reti d'impresa consentono di presentarci sul mercato in maniera coerente con un'unica voce, offrendo una serie di prodotti e servizi mirati al cliente. Collabora

con associazioni, enti, aziende correlate alle tue, per offrire un'esperienza guidata all'interno della rete offrendo prodotti e servizi unici.

Giulia torna alla sua auto, soddisfatta della bella chiacchierata fatta con Umberto che è stato veramente sincero e prezioso nel dispensare consigli, lungo la strada di ritorno chiama subito Ottaviano

"Buongiorno Ottaviano, ti disturbo?"

"Buongiorno Giulia sai che tu non disturbi mai, cosa mi dici di bello com'è andato l'incontro con l'agenzia che deve fare il sito?"

"Molto bene, Franco il titolare dell'agenzia è stato molto chiaro, mi ha confermato che entro un mese il nuovo sito sarà pubblicato, ma c'è di più, mentre rientravo a casa sono passata a trovare il mio amico Umberto, titolare di quella cantina che ti dicevo ricordi?"

"Certo che ricordo, hai fatto bene, da come ne parlavi è una brava persona"

"Si te lo confermo è stato veramente gentile, mi ha dato alcuni consigli interessanti per la creazione della rete vendita e mi piacerebbe parlarne bene con te"

"Certamente, ora che abbiamo gettato le basi per una comunicazione efficace, dobbiamo finalizzare con i clienti attraverso la rete vendita"

Precisa Ottaviano, contento che Giulia si sia confrontata con altre realtà simili alla sua.

"Sicuramente ti avrà parlato dell'importanza delle fiere e di pianificare un calendario di massima per vedere dove partecipare, o sbaglio?"

"Esattamente Ottaviano, gli è piaciuta molto anche l'impostazione che abbiamo dato sui vini biologici e vegani"

"Sono contento di come stanno andando le cose, anzi ti dirò di più, l'altro giorno stavo proprio verificando a quale importante fiera potreste andare per lanciare sul mercato i vostri vini, ho visto la fiera Bio Nord dedicata al Biologico che si terrà ad ottobre in Germania ad Hannover, credo proprio faccia al caso vostro."

"Ma che dici Ottaviano, suggerisci di fare fin da subito una fiera all'estero in Germania?"

"Certamente Giulia, so che è un impegno sia economico che personale importante, ma sono convinto sia la cosa giusta da fare"

Giulia chiede ulteriori chiarimenti sulla partecipazione alla fiera, soprattutto per quanto riguarda le norme relative alle accise per le esportazioni in quel paese, ma è contenta di poter testare entro breve tempo le strategie fatte ed il grosso lavoro svolto ad oggi.

Capitolo 14
Crea stimoli all'acquisto

Trascorrono giorni, Giulia e Ottaviano si sentono spesso tramite messaggi WhatsApp, un giovedì prima di cena Giulia chiama Ottaviano.

"Ciao come stai, com'è andata questa settimana?"

"Bene bene, fortunatamente il lavoro non manca mai, hai fatto bene a chiamarmi, ti avrei chiamato io." risponde Ottaviano.

"Cosa mi dici, tutto bene vero? Non farmi preoccupare."

chiede Giulia un po' preoccupata

"Non bene, benissimo Giulia, avevo presentato con dei colleghi un progetto per una start-up competition, che si terrà in California in una città vicina alla Silicon Valley, siamo stati selezionati come finalisti."

"Ma che dici Ottaviano, è una bellissima notizia! Che fai questo fine settimana torni da noi così festeggiamo?"

Chiede Giulia, contenta per i traguardi personali importanti che Ottaviano sta riscuotendo.

"Non sai quanto mi piacerebbe, solo che dobbiamo partire mercoledì, staremo fuori due settimane e dobbiamo concludere la presentazione finale."

"Ma come, partite così presto!"

Esclama Giulia in parte dispiaciuta, poiché passerà del tempo prima di rivedere Ottaviano.

"Si effettivamente i tempi sono veramente stretti, ma va bene così"

dice Ottaviano rassicurando Giulia.

"Mi ero appuntato alcune cose da dirti sulla promozione della vostra cantina, prima di partire, te le dico subito?"

"Quando vuoi, anche ora va bene."

Risponde Giulia ripensando al viaggio che dovrà fare Ottaviano.

"Bene, volevo dirti che tra alcuni mesi è Natale, per non arrivare lunghi con i tempi, dovresti chiedere all'agenzia di ottimizzare le diverse strategie per questo periodo dell'anno."

"Cosa intendi di preciso?" chiede Giulia.

"Natale, per molte aziende del settore, rappresenta il periodo dell'anno più importante in termini di fatturato, alcune aziende addirittura realizzano un terzo del loro fatturato nel solo mese di dicembre"

82) Utilizza le ricorrenze per vendere di più

Per il comparto enogastronomico, molti e-commerce nel solo periodo Natalizio fatturano oltre il 30% del totale. Preparati per tempo a queste ricorrenze, crea prodotti e servizi specifici per massimizzare i benefici di questi eventi importanti.

"Anche per il sito, chiedi all'agenzia di prevedere delle comunicazioni email mirate per questo periodo, e dei buoni sconto speciali con scadenze mirate per incentivare l'acquisto"

"Si Ottaviano, ma con i buoni sconto non andiamo a ridurre i margini operativi dell'azienda?"

Chiede Giulia per capire bene come approcciarsi.

"In realtà è l'esatto opposto, cerco di spiegarmi meglio, ad esempio, sul sito internet potremmo fare delle confezioni regalo che sono molto apprezzate, se a questo aggiungiamo un incentivo, ad esempio per i nuovi clienti, con uno sconto per il primo acquisto, aumentiamo di molto la probabilità di concludere la vendita. Un altro esempio sono i buoni sconto o coupon, che suggerisco di usare per chi acquista direttamente in cantina, semplicemente consegnando un buono sconto a chi ha già acquistato, e quindi conosce ed apprezza i tuoi vini. In questo modo possiamo far continuare l'esperienza d'acquisto al cliente che sarà predisposto a ricomprare prodotti, che ha provato e che sono stati di suo gradimento.

Se ci fai caso, anche a casa spesso arrivano per posta cartacea buoni sconto o regali per incentivare il riacquisto"

"Chiarissimo come sempre Ottaviano, effettivamente questi buoni sconto non riducono affatto la marginalità, anzi contribuiscono a far aumentare il fatturato."

83) Organizza e partecipa ad eventi per farti conoscere

Non perdere nessuna occasione per raccontare la storia della tua azienda e dei tuoi prodotti, organizza eventi, percorsi guidati per fidelizzare il cliente. In fondo il cliente non si accontenta più di una bella etichetta, vuole conoscere la storia, la passione, le persone che stanno dietro a quel prodotto o servizio.

"Come farò senza di te in queste settimane?" chiede Giulia

"Dai non scherzare, te la sai cavare benissimo anche da sola, poi comunque ci possiamo sentire ugualmente senza problemi, vado in America, mica vado in guerra"

Dice Ottaviano ridendo.

"Nei prossimi giorni mi raccomando Giulia, invia il modulo di partecipazione per la fiera in Germania, se qualcosa non è chiaro ci sentiamo."

"Lo farò certamente, nel prossimo mese partiremo anche con le degustazioni guidate da fare in cantina, ed ho già contattato l'associazione astrofila per organizzare alcuni primi eventi in cantina come mi hai consigliato, speriamo che vada tutto bene, non so se riesco a stare dietro a tutto; nei prossimi mesi Ottaviano abbiamo messo tanta carne al fuoco speriamo non bruci."

Dice Giulia ridendo, anche se in parte è realmente preoccupata per tutte queste incombenze.

84) Usa buoni sconto per far continuare l'esperienza d'acquisto

I buoni sconto sono il modo ideale per far proseguire l'esperienza d'acquisto del cliente è molto più semplice ed economico far riacquistare un cliente che trovare di nuovi. I buoni sconto consentono inoltre di avvicinare l'esperienza del cliente on-line, con la presenza fisica all'interno del negozio. Se ci fai caso sicuramente ogni settimana ricevi uno o più buoni sconto, se tante aziende usano questo sistema,

significa che funziona, trova anche te un modo intelligente d'inserire questo tipo di attività di marketing per la tua attività.

"Ottimo, so che se ti ci metti non ti ferma nessuno, come dicevamo oltre ad andare alle fiere di settore, farsi trovare dai clienti tramite sito, guide, recensioni, è fondamentale portare il cliente anche nella cantina"

Dice Ottaviano convinto che il turismo sostenibile sia eticamente importante e se bene fatto porta reali benefici anche economici alle aziende che lo adottano.

"Questi eventi, iniziative legate al territorio, vanno collegate al progetto più ampio che dicevamo del turismo enogastronomico, per avere un collegamento ancora più forte tra il territorio ed i prodotti tipici, che insieme al turismo sono dei settori che potrebbero sicuramente rilanciare l'economia Italiana e non sono riproducibili oltreoceano, visto che hanno un legame forte con il territorio." Afferma Giulia con sicurezza.

85) Favorisci il turismo enogastronomico

L'Italia è il Paese al Mondo con il maggior numero di prodotti alimentari certificati (DOCG, DOC, etc.), abbiamo un patrimonio artistico spettacolare, se riesci a creare con la tua attività una sinergia tra questi due fattori il successo è garantito.

"Concordo pienamente con quello che dici Giulia, abbiamo prodotti, terre ed opere artistiche invidiate da tutto il mondo, solo non le sappiamo valorizzare."

"Spesso la stessa cosa accade con gli ottimi prodotti che fate, si presta e si investe molto magari sul processo produttivo, sui terreni come è giusto che sia, ma poi il marketing, la comunicazione aziendale è lasciata completamente al caso senza investimenti, con i risultati che conosciamo." Aggiunge Ottaviano.

"È vero e per fortuna nel nostro caso ci sei tu che fai da guida."

Precisa Giulia che non perde occasione per ringraziare Ottaviano della grossa disponibilità nei suoi confronti.

"Sai che per me è veramente un piacere aiutarvi con questo progetto, ultima cosa, per le iscrizioni agli eventi in cantina, fai realizzare dall'agenzia una landing page, così è più semplice e chiaro per chi deve registrarsi e partecipare all'evento"

"Spiegami meglio questa cosa delle Landing page Ottaviano, me ne avevi parlato ma non ricordo bene."

"In pratica sono delle pagine dedicate, dove il cliente invece di navigare all'interno del sito con il rischio di perdersi, vede una singola pagina dove sono presenti tutti gli elementi.

Nel vostro caso riporterete nella pagina tutte le informazioni dell'evento, la cartina, il modulo di registrazione; poi sull'invito non metterete il riferimento del dominio, ma il collegamento diretto alla pagina di registrazione."

"Ora è più chiaro Ottaviano, in pratica una sola pagina dove l'utente accede direttamente senza distrazioni, dove è presente l'azione ben precisa che l'utente deve fare, nel nostro caso registrarsi all'evento."

"Esattamente." Risponde Ottaviano.

I due continuano a parlare di lavoro ma soprattutto del viaggio che farà Ottaviano.

86) Crea Landing page ad alta conversione

Per vendere un prodotto o servizio, creare funnel di vendita, una sorta d'imbuto con un percorso guidato on-line con pagine di vendita mirate (landing page), ti consentirà di aumentare esponenzialmente il tasso di conversione.

Capitolo 15
Ascolta e dai voce ai tuoi clienti

Il tempo trascorre velocemente, sono quasi due settimane che Ottaviano e i suoi colleghi sono in California per la presentazione del progetto, ma con Giulia è rimasto in contatto regolarmente.

La sera tardi Giulia chiama Ottaviano, è l'ora ideale per sentirsi, perché visto il fuso orario con la California, là è mattino presto.

"Come va allora, ti diverti sulle spiagge Californiane? Stai forse inseguendo le belle ragazze stile Baywatch?"

Dice scherzando Giulia curiosa di sapere qualcosa di più sull'esperienza di Ottaviano

"Lascia perdere Giulia il mare l'abbiamo visto solo dalla finestra dell'Hotel, stiamo lavorando come matti per questo evento, domani finalmente faremo questa presentazione."

"Sono contenta che tutto procede come da programmi, questa mattina mi ha chiamato Franco dell'agenzia web, dicendomi che finalmente il sito è stato pubblicato, a me piace molto il lavoro fatto, ma l'esperto sei tu, aspetto il tuo verdetto!"

Esclama Giulia, impaziente di sapere se anche Ottaviano apprezza il grosso lavoro svolto nei giorni precedente da lei e l'agenzia per ottenere quel risultato.

"Aspetta, mi collego subito, sono veramente curioso di vedere il risultato finale!"

Ottaviano in quel momento è davanti al computer, si collega al sito vedendo tutte le sezioni, la versione in lingua estera, la sezione e-commerce per la vendita on-line.

"Allora non dici nulla?"

Dice Giulia ansiosa di sapere il parere di Ottaviano.

"Aspetta non essere frettolosa, avete lavorato settimane e mesi per realizzare questa cosa, dammi almeno 5 minuti per vedere tutto bene"

Risponde Ottaviano ridendo, che in realtà già dalla prima impressione ha visto che è stato svolto un ottimo lavoro.

"Bravi!"

Esclama Ottaviano, complimentandosi con Giulia per il bel lavoro fatto

"Grazie, sono veramente contenta che ti piace, anche se in realtà non abbiamo fatto altro che fare passo passo quello che ci hai indicato"

Dice Giulia sorridendo.

"Giulia ora siete partiti con il piede giusto ma questo è solo l'inizio, la vendita non inizia quando il cliente sceglie il prodotto ma molto prima."

87) La vendita non inizia quando il cliente sceglie il prodotto

Solo un'analisi attenta del processo d'acquisto, consente di capire cosa realmente spinge un cliente ad acquistare da noi, ci consente quindi di rimuovere tutte quelle

frizioni che possono ostacolare il successo della vendita.

"Hai perfettamente ragione Ottaviano, spesso queste cose sono date per scontate quando non lo sono assolutamente."

"Si, infatti come tanti pensano, la vendita si conclude dopo che il cliente ha acquistato il prodotto, cosa non assolutamente vera, perché anche qui vanno implementate una serie di azioni che massimizzano l'esperienza del cliente, dal semplice post-vendita o al following, come dicevamo l'altro giorno con incentivi per far riacquistare."

88) La vendita non finisce quando il cliente riceve il prodotto

L'analisi della soddisfazione del cliente, ricevere feedback, garantire un ottimo servizio post vendita, ci consente di migliorare notevolmente l'esperienza d'acquisto del cliente, aumentando notevolmente le probabilità che il cliente riacquisti da noi.

I due si salutano dando l'uno la buonanotte e l'altra il buongiorno, scherzando con il fuso orario.

L'indomani Giulia chiama alla solita ora Ottaviano, per sapere com'era andata la presentazione del loro progetto

"Buongiorno Ottaviano, com'è andata la presentazione?"

"Buongiorno Giulia la presentazione è andata bene, solamente gli altri partecipanti sono stati più bravi di noi, così non siamo riusciti a vincere!

Però è stata un'esperienza grandiosa, sono comunque molto soddisfatto."

"Immagino, vista la tua preparazione sono convinta che avrai molte altre occasione per dimostrare nuovamente quello che vali. Se non sbaglio rientri domani vero?"

"Si il mio volo parte domani mattina presto. Come vanno le diverse attività in cantina?"

Chiede Ottaviano che vuole essere sempre aggiornato sullo stato di avanzamento delle diverse attività in corso.

"Stanno andando bene, con l'agenzia web abbiamo anche predisposto un sistema per agevolare la pubblicazione di commenti e foto di chi ci segue, sia on-line che direttamente in cantina."

89) Dai voce ai tuoi clienti pubblica i loro commenti e foto

Siamo animali sociali, vogliamo condividere le nostre esperienze, se non raccontiamo di aver comprato la nostra nuova auto, il nuovo vestito ad altri, e come se qualcosa manca, non saremo pienamente appagati. Per questo motivo consenti sempre ai tuoi clienti di condividere le loro esperienze, pubblica sui tuoi profili social le loro foto, falli sentire protagonisti.

"Come ci avevi suggerito, abbiamo anche creato un breve sondaggio per capire bene cosa cercano i nostri clienti e come migliorarci."

"Bene, capisco che ora tutte queste attività sono complicate da portare avanti, ma anche i sondaggi sono uno strumento estremamente efficace per capire cosa cercano, in fondo i prodotti che fate devono soddisfare un bisogno del cliente, senza di loro tutte le attività che svolgete non avrebbero ragione d'esistere."

90) Crea sondaggi per capire le aspettative dei tuoi clienti

Siamo animali sociali, vogliamo condividere le nostre esperienze, se non raccontiamo di aver comprato la nostra nuova auto, il nuovo vestito ad altri, e come se qualcosa manca, non saremo pienamente appagati. Per questo motivo consenti sempre ai tuoi clienti di condividere le loro esperienze, pubblica sui tuoi profili social le loro foto, falli sentire protagonisti.

"Ascoltare i clienti è fondamentale, i sondaggi sono solo uno dei sistemi per capire cosa vogliono; il sistema più semplice per capire il gradimento dei nostri prodotti è il fatturato che fa l'azienda. La semplicità di questo sistema, che dà informazioni certe però in ritardo, si paga con gli interessi, nel caso le cose non vanno nella giusta direzione, per questo motivo è bene ascoltare prima, cosa dicono i nostri clienti acquisiti e quelli potenziali. Le informazioni che ci possono dare sono veramente tante, dirette e indirette, pensiamo a quando andiamo alle fiere, quanti feedback positivi o negativi possiamo ricevere, le recensioni che lasciano i nostri clienti. Tutte queste voci non devono rimanere inascoltate, al contrario devono essere analizzate per migliorare continuamente."

91) Ascolta i tuoi clienti, pensa alle loro esigenze

La cosa più importante per un'azienda, un professionista, sono i clienti. Visto che sono la cosa più importante è bene chiedere loro se quello che stiamo facendo è soddisfacente, in quale direzioni muovere il business. Questo può essere fatto in tanti modi, parlandoci, ascoltando cosa dicono sui canali social. Se non misuriamo la soddisfazione dei clienti, non possiamo migliorarci e bene chiedere loro cosa pensano, altrimenti continueranno ad acquistare ma dai concorrenti.

Ottaviano ritorna dalla California, sa che per Giulia le prossime settimane sono importanti per avere i primi riscontri delle tante attività svolte per promuovere la cantina, è fiducioso che le cose andranno come previsto anche perché hanno lavorato bene, ma come sempre l'ultima parola la dice il mercato.

Capitolo 16
Misura le tue prestazioni e quelle dei tuoi concorrenti

È ottobre, la cantina è carica di vini che emanano un singolare profumo, che sarà sicuramente apprezzato dai clienti per vivere un'esperienza sensoriale unica.

Giulia e Ottaviano sono presi nell'organizzare gli ultimi dettagli per la fiera di Hannover, che ci sarà tra solo due settimane.

Ottaviano chiama Giulia.

"Ciao, ho visto le foto dello stand che porteremo in Germania, molto carino, anche la grafica mi piace molto."

"Si anche a me piace molto, oggi ci consegneranno gli ultimi banner sono convinta che sarà lo stand più bello!" Esclama Giulia ridendo.

"Per il viaggio come dici di organizzarci, la fiera è venerdì, dicevamo di andare il giorno prima, giusto?"

"Direi di sì, io come ti dicevo partirò direttamente da Verona, tu dall'aeroporto di Ancona che ti rimane più comodo vero?"

"Si il volo parte la mattina presto, poi ci incontreremo nel primo pomeriggio, direttamente all'aeroporto di Hannover, non vedo l'ora!"

Esclama ancora Giulia, impaziente.

"Anch'io, ci sentiamo spesso al telefono, ma ora ho voglia di vederti."

Dice Ottaviano, riferendosi non solo al rapporto lavorativo, ma a tutti quei gesti, strette di mano, sguardi fugaci che c'erano stati durante il soggiorno nella sua cantina, che avevano fatto riaffiorare emozioni, placate solo dal tempo e dalla distanza dei due.

Dopo una pausa di silenzio, Ottaviano, in parte imbarazzato, preferisce cambiare discorso:

"Giulia prima che mi dimentico dovevo chiederti un paio di cose."

"Dimmi pure."

"Hai più chiesto all'agenzia web di inserire le statistiche sul sito e farti vedere come consultarle?"

"Si Ottaviano io eseguo sempre alla lettera quello che dici"

Risponde Giulia ridendo e pensando a quello che aveva detto poco prima Ottaviano, soprattutto al tono di come l'aveva detto, poiché anche lei non vede l'ora di rivederlo.

"Franco, il titolare dell'agenzia, ha detto che ha inserito nel nostro sito un sistema di statistiche chiamato Google Analytics. Mi ha dato le credenziali per accedere alle statistiche, abbiamo visto insieme i primi dati"

"Bene Giulia quanti visitatori avete avuto negli ultimi giorni?"

"Mediamente ci hanno visto oltre 100 visitatori al giorno, sono pochi o tanti?" Chiede Giulia incuriosita.

92) Usa sistemi di monitoraggio per le statistiche del tuo sito

Investiamo molto tempo e risorse economiche sul marketing è fondamentale quindi misurare l'efficacia di quello che stiamo facendo. Tramite sistemi di statistiche tipo Google Analytics, possiamo monitorare tanti parametri ed indicatori di performance della nostra attività. Scopri di più su: www.gopt.it/mpt/sistemastatistiche

"Non sono pochi, se consideriamo che il nuovo sito è stato pubblicato da poco tempo, possiamo però migliorare di molto, hai visto quanti di questi visitatori sono arrivati dai motori di ricerca?"

"Se non ricordo male, quasi la metà delle visite sono provenienti dai motori di ricerca, abbiamo ricevuto molte visite dai portali tematici ed invece pochi hanno digitato direttamente il nostro sito"

Racconta Giulia che sembra un'esperta, perché il giorno prima era stata in agenzia a vedere bene come funzionano queste cose.

"Si Giulia è normale che in questa fase, il tuo brand, il marchio della tua azienda, non è tanto conosciuto, quindi poche persone digitano il tuo nome, ma vedrai, che con il lavoro che stiamo facendo, anche questo aspetto migliorerà di molto. Ora è importante monitorare l'andamento sui motori di ricerca, fatti inviare dall'agenzia il report che specifica con quali frasi, sia in lingua italiana che inglese, siamo presenti su Google."

"Certo Ottaviano obbedisco!"

Giulia ride.

93) Verifica il posizionamento per le keyword strategiche

Chi cerca su Google e gli altri motori di ricerca un prodotto o servizio ha un interesse dichiarato molto alto, un'elevata propensione all'acquisto. Per questo motivo è

importante farsi trovare e monitorare continuamente come siamo posizionati con le parole strategiche, rispetto ai nostri clienti. Ci sono decine di utili programmi che consentono di fare questa attività in automatico, scoprili su: www.gopt.it/mpt/monitoraggioposizionamento

---

Arriva il fatidico giorno della prima fiera all'estero, i due, come programmato, si incontrano nel pomeriggio all'aeroporto:

"Che piacere rivederti Giulia!"

Ottaviano si dirige verso Giulia abbracciandola.

"Finalmente ci rivediamo Ottaviano, sono veramente contenta che sei venuto qui in fiera!"

"Sai che non potevo mancare."

Ribadisce Ottaviano che per nessun motivo al mondo avrebbe perso l'occasione di stare con Giulia in Germania.

"Visti i tempi stretti, suggerisco di andare direttamente in fiera, che ne dici?"

"Si andiamo subito, voglio che per domani, il primo giorno, sia già tutto sistemato."

I due si recano alla fiera dove gli alimenti del Biologico trovano la massima espressione nelle diverse forme, sistemano il loro stand che risulta essere molto particolare e carino rispetto a quelli presenti.

Curati gli ultimi dettagli, i due vanno a dormire presto, stanchi del viaggio e della lunga giornata, ma felici perché finalmente insieme.

La mattina seguente si alzano di buon'ora per recarsi alla fiera, la prima giornata trascorre tranquillamente con una buona affluenza, diversi potenziali clienti hanno mostrato interesse per i loro prodotti.

"La prima giornata si è già quasi conclusa Ottaviano, che dici possiamo essere soddisfatti?"

"Direi proprio di sì, sai è sempre complicato misurare il ritorno d'investimento di ogni attività fatta, ma la prima impressione è sicuramente positiva. Molti dei contatti con cui abbiamo parlato qui in fiera, che hanno assaggiato ed apprezzato i vini, andranno sicuramente sul sito internet per saperne di più sulla cantina, per questo motivo dobbiamo sempre monitorare il brand anche on-line."

94) Monitora il tuo brand con Google Alerts

Monitorare quello che dicono della nostra azienda e dei nostri prodotti, sia che se ne parli bene per ringraziali che per rispondere e chiarire nel caso di malcontenti è fondamentale. Ci sono programmi costosi che fanno questo tipo di monitoraggio in maniera completa. Se vuoi invece farlo in maniera semplice e gratis puoi usare Google Alerts, che ti avverte appena trova un documento sul web con i testi che gli indicherai. Scopri di più qui: www.gopt.it/mpt/gioogealert

---

Il secondo giorno di fiera l'affluenza dei visitatori e decisamente maggiore, lo stand di Giulia, forse perché è la prima volta che partecipa a quella manifestazione o per la particolarità dello stand stesso, riceve tanti visitatori e buoni apprezzamenti.

"Oggi dobbiamo fare lo straordinario per seguire tutti!"

Esclama Giulia soddisfatta del buon gradimento che ha la sua azienda.

"È vero Giulia, ad essere sincero neppure io mi aspettavo tutta questa gente oggi."

I due dopo una mattinata intensa si concedono una pausa pranzo, durante il quale parlano principalmente di lavoro.

"Ottaviano non mi aspettavo di trovare tante cantine anche in questa fiera, molte delle quali sembrano strutturate, sarebbe interessante, se possibile, capire con chi lavorano, quali sono i distributori, così da poterli contattare"

"Qualcosa si può fare in realtà, grazie agli strumenti digitali."

"Spiegati meglio."

Dice Giulia che è molto interessata a questo argomento.

"Con programmi specifici, come ad esempio Majestic oppure SEMrush, è possibile scoprire quali sono i backlink, anche di aziende concorrenti; questi programmi sono davvero potenti e riescono a controllare oltre 130 milioni di siti."

"Fai apposta a non farmi capire, dai spiegati meglio!"

Dice Giulia sorridendo

"In pratica funziona in questo modo, immagina la cantina vicino la nostra, sarà citata da guide, clienti, distributori, con dei collegamenti al loro sito, tramite i programmi che ti ho detto prima, noi potremmo creare un elenco di tutti questi soggetti e valutare chi contattare."

"Interessante Ottaviano, ora sei stato più chiaro, quando rientriamo approfondiremo anche questo aspetto"

95) Studia la concorrenza per utilizzarla a tuo favore

Grazie alla rete dei collegamenti sul web, puoi scoprire tante informazioni sulla concorrenza.

In alcuni casi puoi vedere ad esempio quali distributori, importatori, fiere di settore sono presenti i tuoi concorrenti, infatti se in questi siti sono presenti collegamenti al sito, tramite opportuni programmi puoi scoprire quali sono. Maggiori info qui: www.gopt.it/mpt/retecollegamenti

---

"Sarei curiosa di vedere se con questa fiera sono aumentati i visitatori al sito, e le visualizzazioni della pagina Facebook."

Domanda Giulia che oramai è entrata nel meccanismo del marketing e vuole numeri e indici per misurare quello che stanno facendo.

"Vieni qui ti faccio vedere tutto dal mio telefonino."

"Cosa dici, com'è possibile?"

Esclama Giulia convinta che per vedere le statistiche ed altre informazioni, sia necessario essere di fronte ad un computer classico.

Ottaviano mostra delle applicazioni specifiche che aveva scaricato sul suo smartphone, per controllare gran parte dei canali di comunicazione.

"Vedi con questa applicazione chiamata Google Analytics, possiamo vedere le statistiche del tuo sito complete, ieri ad esempio il sito è stato visto 130 volte, aspetta un attimo che voglio verificare anche la provenienza geografica."

Aggiunge Ottaviano che sapeva utilizzare bene tutte queste applicazioni specifiche di marketing.

"Ecco, 28 persone ci hanno visto dalla zona di Hannover, sicuramente saranno quelli che ci hanno visto qui in fiera ed hanno cercato maggiori informazioni."

"Forte! indicami quali sono tutte queste applicazioni così le installo anche sul mio cellulare."

96) Tutti i numeri che servono a portata di mano

Alla fine del libro, trovi un elenco di applicazioni particolarmente utili, da installare sul tuo telefonino per avere tutti i numeri del tuo business a portata di mano.

Finito di pranzare, i due tornano allo stand e velocemente si conclude anche il secondo giorno di fiera, la giornata è stata lunga ma fruttuosa. Cenano velocemente in un locale lungo la strada di ritorno all'hotel e vanno a dormire.

La mattina presto sono già a lavoro, per l'ultima giornata di fiera dedicata ai soli operatori del settore, sanno che ci sarà meno gente ma potenzialmente molto più interessata.

"Complimenti Giulia, oggi hai proprio delle belle scarpe."

Dice Ottaviano sapendo quanto Giulia avesse cercato quel modello specifico di scarpe.

"Ma dai sai quanto ho cercato queste scarpe, comunque accetto i complimenti, grazie!"

Giulia si avvicina ad Ottaviano baciandolo su una guancia.

Come previsto lo stand era stato visitato da meno persone rispetto ai giorni precedenti, ma molto interessate, in particolar modo un olandese aveva fatto tantissime domande e visto il grande interesse ha chiesto di poter visitare la cantina.

"Giulia forse abbiamo fatto centro, con questo importatore olandese come si chiama Arad, Arvan.."

"Alard Van Kolen si chiama!"

Dice Giulia ridendo ed aggiunge:

"Anche a me ha dato la medesima impressione, se quel che ha detto è vero lo rivedremo presto da noi."

La giornata prosegue con visite di altri potenziali clienti interessati, Giulia fa assaggiare i vini e parla animatamente con i visitatori.

"Complimenti Giulia per il tuo inglese, hai un accento veramente bello"

"Grazie, oggi siamo in vena di complimenti eh!"

Risponde Giulia che trova sempre maggiore interesse verso Ottaviano sia come professionista che come uomo.

È sera, la fiera è conclusa, i due sono esausti, ma soddisfatti perché hanno ricevuto un grosso riscontro con i tanti contatti presi in fiera interessati ai loro vini.

"Questa sera dobbiamo fare una doppia festa!" esclama Ottaviano.

"Come una doppia festa?"

Chiede Giulia facendo finta di niente.

"Festeggiamo il grosso successo che abbiamo avuto con questa fiera, ma soprattutto il tuo compleanno, tanti auguri Giulia!"

"Nooo chi te l'ha detto, mio fratello Antonio vero, mi ero raccomandata di non dire nulla!"

Dice Giulia che di solito non è solita festeggiare con piacere gli anni che passano.

Ottaviano abbraccia Giulia e la bacia:

"Ho prenotato in un bel ristorante nel centro di Hannover, andiamo!"

Il locale è molto intimo e carino, con un'atmosfera surreale dove Giulia ed Ottaviano sembrano essere soli, immersi nelle loro parole e pensieri.

Dopo la cena passeggiano lungo un viale alberato.

Al rientro in Hotel, Giulia invita Ottaviano nella sua camera per bere qualcosa insieme, appena in camera scatta una scintilla, l'uno si perde nelle braccia dell'altra e bruciano la loro passione per tutta la notte.

Al mattino fanno colazione, sembrano sposini durante la luna di Miele.

"Buongiorno caro!"

Dice Giulia.

"Buongiorno a te cara!"

Risponde Ottaviano sorridendo, senza aggiungere troppe altre parole ma solo sguardi; finiscono la colazione e si dirigono quindi in aeroporto per rientrare a casa.

La settimana trascorre velocemente, Giulia chiama Ottaviano.

"È arrivato il primo ordine dal nostro negozio on-line, il nostro e-commerce!"

Esclama Giulia contenta che il grande lavoro svolto inizia a dare i risultati sperati

"Sicuramente sarà il primo di una lunga serie."

Risponde Ottaviano fiducioso.

"Ora che si avvicina il Natale dovreste riceverete molti ordini, a proposito quando parli con l'agenzia, fai fare una verifica generale del sito, un check up con gli strumenti che offre Google, così siamo certi che funziona tutto al meglio."

97) Fai il check up del tuo sito con gli strumenti di Google

Google offre una consolle per i programmatori che ti consente di fare controlli specifici per il tuo sito, monitorare tecnicamente che tutto funzioni correttamente, per siti di dimensioni rilevanti è indispensabile usare questi strumenti, maggiori info le trovi a questo indirizzo: www.gopt.it/mpt/googletools

---

Le settimane trascorrono velocemente, manca ormai poco per dare il benvenuto al nuovo anno, è novembre, i contatti presi in fiera si rivelano molto concreti e ci sono tanti clienti pronti ad acquistare i loro vini.

"Buongiorno Ottaviano è arrivata la comunicazione del punteggio per l'iscrizione che abbiamo fatto del nostro vino Verdicchio Biologico."

"Bene com'è andata?"

Chiede Ottaviano sapendo l'importanza della valutazione su questo tipo di pubblicazioni.

"Tre bicchieri ci hanno dato Ottaviano, il punteggio massimo!"

"Brava Giulia! Fai i complimenti anche a tuo fratello Antonio, avete lavorato duro ma ora iniziano ad arrivare i risultati."

Il Natale è sempre più vicino, arrivano sistematicamente gli ordini anche tramite il sito, la cantina inizia ed essere conosciuta un po' da tutti nell'ambiente, a dimostrazione che il piano di comunicazione fatto è stato efficace.

"Giulia, come vanno le cose lì nelle Marche?"

"Vanno bene, molto bene, abbiamo acquisito più ordini in questi due mesi che nell'intero scorso anno, ma il merito è solamente tuo Ottaviano.

Senza di te, con le tue strategie per la promozione e la vendita, i nostri grandi vini sarebbero rimasti in botte come negli anni passati"

"Non scherzare, abbiamo fatto un bel lavoro di squadra, ognuno ha messo le sue competenze ed abbiamo lavorato bene."

"A tal proposito ho anche preparato un prospetto per misurare il ROI, ossia il ritorno d'investimento, come detto tante volte non è importante se per un'azione promozionale spendi poco o tanto, l'importante è che tale investimento, grande o piccolo che sia, rientri con gli interessi"

"Certo, sono curiosa di vedere cosa hai fatto e quali campagne di marketing si sono dimostrate più efficaci." Risponde Giulia.

98) Misura il ROI, per misurare le azioni di marketing migliori

Con i tanti strumenti che abbiamo visto nei punti precedenti puoi misurare con certezza il ROI, ossia il ritorno dell'investimento fatto. Nelle azioni di marketing non fermarti al costo di acquisizione del cliente, pensa anche al "customer life cycle", ossia quanto fatturato il cliente ti porterà con acquisti ripetuti. In questa ottica, spese di marketing apparentemente non vantaggiose in realtà potranno essere ottimi investimenti da incentivare.

"Ottaviano so che in questo periodo sei pressato dal tuo lavoro e non puoi venire qui da noi, ma voglio che trascorriamo il Natale insieme, non fare scherzi."

"Certo Giulia! non vedo l'ora di rivederti."

È dicembre, l'importatore olandese che li aveva contattati in fiera, fissa un appuntamento per visitare la cantina, rimane impressionato dalla bellezza delle terre, dalla cura e passione che Giulia e suo fratello mettono per produrre ogni singola bottiglia di vino.

L'olandese fa i complimenti, confermando un importante ordine.

Appena conclusa la visita Giulia chiama Ottaviano

"Ottaviano è venuto qui in cantina!"

"Ciao Giulia chi è venuto?"

"L'importatore olandese che ci aveva visitato in fiera, ti ricordi?"

Esclama Giulia con un tono di voce squillante quasi emozionato.

"Non avevamo mai ricevuto ordini così importanti prima."

"Certo che ricordo Giulia, dicevamo che sembrava una persona seria, come si è poi dimostrato."

"Ottaviano, non saprò mai come ringraziarti abbastanza per tutto quello che stai facendo"

"Non ti preoccupare, mi piace il lavoro che faccio, mi piace stare con te, stiamo facendo semplicemente la cosa giusta; prima che mi dimentico, dobbiamo chiedere all'agenzia web di fornirci il report aggiornato con tutte le attività svolte, in modo da concentrare le risorse su quelle che hanno funzionato meglio."

99) Aggiorna periodicamente il tuo piano di comunicazione

Le abitudini ed esigenze dei clienti cambiano rapidamente, la rete ogni anno ci offre nuove opportunità per comunicare in maniera efficace, prevedi un aggiornamento periodico del tuo piano di comunicazione che rifletta tutti questi cambiamenti.

Le settimane si rincorrono velocemente, gli obiettivi di fatturato che si erano prefissati di raggiungere con gli investimenti per il marketing, sono stati ampiamente conseguiti in tempi molto più brevi del previsto.

Finalmente Giulia e suo fratello hanno i riconoscimenti sia morali che economici degli sforzi fatti negli anni precedenti, solo grazie all'aiuto di Ottaviano è stato possibile far emergere ed apprezzare anche all'esterno il grosso lavoro fatto.

È Natale Ottaviano festeggia con Giulia ed il fratello i grandi risultati ottenuti, progettando altri ambiziosi traguardi non solo lavorativi, con questa nuova famiglia.

100) Testa, sperimenta, sii curioso

Mi auguro che nel libro hai trovato interessanti spunti per migliorare il tuo business, come avrai capito, non ci sono ricette universali di web marketing, l'unica cosa certa è testare le diversi strategie, focalizzandoci su quelle più efficaci.

Registrazione Gratuita Aziende

Sei un'azienda del settore agroalimentare?

ProdottiTipici.it® è il punto di riferimento Nazionale per la valorizzazione dei prodotti alimentari, non vende direttamente, ma racconta la storia di aziende, aggregandole in una rete d'imprese.

E' la soluzione pensata per piccole e medie aziende che non hanno la forza e strumenti di marketing adeguati per farsi conoscere e vendere in Italia e all'estero. Forniamo loro servizi innovativi come storytelling, video, strumenti per la vendita, erogati in modalità SaaS.

ProdottiTipici.it® è registrato presso il ministero dello sviluppo economico, collabora con enti ed università è seguito da 200.000 mila visitatori annuali, 10.000 fan su Facebook e 20.000 iscritti alla newsletter.

Registra gratuitamente la tua azienda nell'archivio Italiano ProdottiTipici.it®, sono già presenti oltre 5.000 aziende.

Richiedi l'invito per registrarti gratis all'indirizzo:

www.prodottitipici.it/invitoregistragratislibr

Video Interviste dei professionisti del web

In tanti anni di Web Marketing, ho avuto modo di conoscere persone veramente speciali, sia dal lato umano che professionale.

Ho intervistato alcuni dei maggiori esperti del panorama nazionale del web marketing, trovi i loro consigli collegandoti a questo indirizzo: www.prodottitipici.it/bonusinterviste/

Ringraziamenti

Caro lettore, queste pagine sono il frutto di oltre 15 anni di esperienza, dell'impegno, lo studio e l'applicazione delle tematiche legate al marketing e di tantissime ore di sonno perse davanti al computer.

Ringrazio innanzitutto il fato che mi ha fatto nascere in questo fazzoletto di Terra splendido, l'Italia. Dobbiamo essere orgogliosi di vivere in questo bel Paese, abbiamo territori splendidi, una storia millenaria, un clima ottimale, bellezze architettoniche invidiate da tutto il Mondo, un patrimonio ed una biodiversità agroalimentare unica. Noi italiani viviamo in un Paese libero, non siamo secondi a nessuno dobbiamo essere orgogliosi di questo, ricordarci da dove veniamo per disegnare un futuro migliore.

Ringrazio la mia famiglia che mi ha cresciuto in un ambiente sano e stimolante e mi è stata sempre vicina.

Ringrazio collaboratori, amici che mi hanno supportato e sopportato da sempre.

Ringrazio le tante aziende, privati ed enti che nel corso degli anni mi hanno dato fiducia consentendomi di applicare le tante strategie di marketing per le loro attività.

Ringrazio i tanti professionisti conosciuti in occasione di corsi e convegni, ho imparato più da loro scambiando idee ed esperienze, durante pranzi e cene, che in tante altre occasioni.

Ringrazio te che hai scelto questa pubblicazione per aggiornarti e formarti e del tempo che vorrai dedicarmi leggendo queste pagine.

Visto che ho ringraziato tutti, voglio ringraziare anche me :-) per non aver mollato mai, spero di essere riuscito nei capitoli che leggerai, a trasmettere tutto il mio entusiasmo e passione con cui ho abbracciato le tematiche legate al mondo digitale.

Spero che il libro ti sia piaciuto ed hai trovato almeno uno spunto utile per comunicare in maniera ancora più efficace sul web!

Programmi e Servizi consigliati

Ti apro la mia cassetta di attrezzi informatici con programmi e servizi (alcuni con link affiliato) che attualmente uso e mi sento di consigliarti.

Alcuni sono specifici per gli addetti al settore, altri utili in tante occasioni per semplificare il lavoro quotidiano.

Ho diviso i programmi in due tipologie:
- Servizi On-line

-App da installare sul telefonino

Legenda:
(*) servizio gratuito

(°) servizi per chi lavora nel web marketing

***Servizi On-line

#Amazon S3 (°)
www.gopt.it/mpt/awsamazon
Spazio infinito per i tuoi file che paghi in base al consumo.
Lo uso per salvare le migliaia d'immagini e video che si aggiungono nel tempo.

#Animoto (*)
www.gopt.it/mpt/animoto
Crea facilmente video da immagini e brevi testi.
Realizzo velocemente video belli e professionali in tempi brevi

#Apple Developer (°)
www.gopt.it/mpt/developerapple
Pubblica app per dispositivi Apple
Lo uso per mantenere attiva l'applicazione di prodotti tipici sull'app store

#Appsumo
www.gopt.it/mpt/appsumo
Programmi validi scontati fino all'80%
Utile per acquistare programmi a prezzo scontato

#Ahrefs (°)
www.gopt.it/mpt/ahrefs
Effettua il monitoraggio dei backlink e tanto altro
Consente di migliorare il posizionamento su Google tramite un monitoraggio

#Aruba
www.gopt.it/mpt/aruba
Ottimo hosting Italiano con tanti servizi
Lo uso per alcuni siti che gestisco, per la gestione delle PEC, firma elettronica etc.

#Adobe (°)
www.gopt.it/mpt/adobe
Suite di programmi per la grafica
Utile per gestire foto e video in modo professionale

#**bitly** (*)
www.gopt.it/mpt/bitly
Accorcia link lunghi
Pratico per accorciare link lunghi ed avere statistiche complete

#**Brinkster** (°)
www.gopt.it/mpt/brinkster
Hosting per siti con tecnologie .NET
Utile per siti sviluppati con Microsoft

#**Browshot** (*)
www.gopt.it/mpt/browshot
Cattura screenshot dei siti web
Utile per catturare foto di pagine web

#**Canva** (*)
www.gopt.it/mpt/canva
montaggi immagini professionali anche da dispositivi mobili
Molto utile per montaggi grafici veloci e carini

#**Dropbox** (*)
www.gopt.it/mpt/dropbox
Storage dei file
Lo uso per salvare i file, preferisco però Google Drive perché si integra con la mail

#**Envato**
www.gopt.it/mpt/envato
Un ottimo Marketplace con tante risorse informaticheAcquisto template per WordPress ed altre risorse utili per il web marketing

#**Eurodns** (°)
www.gopt.it/mpt/eurodns
Registrar per domini con tutte le estensioni internazionali
Lo uso per registrare domini con estensioni non comuni

#**Fiverr**
www.gopt.it/mpt/fiverr
Il più grande Marketplace di freelance
Utile per delegare semplici attività di programmazione o grafiche

#**Fotolia**
www.gopt.it/mpt/fotolia
Archivio con oltre 35 milioni d'immagini e video professionali
Lo uso quando necessito di ottime foto o elementi vettoriali.

#**Getresponse**
www.gopt.it/mpt/getresponse
Ottimo servizio per creare Newsletter, Marketing Automation
Lo uso per le newsletter e Marketing Automation integrandolo con il mio CRM

#**Google AdWords**
www.gopt.it/mpt/googleadwords
Annunci sponsorizzati per comparire primi su Google
Lo uso per posizionarmi nelle prime pagine di Google

#**Google Alerts** (*)
www.gopt.it/mpt/googlealerts
Monitora il Web per trovare nuovi contenuti secondo frasi preimpostate
Mi faccio inviare mail su tematiche di mio interesse

#**Google Analytics** (°)
www.gopt.it/mpt/googleanalytics
Web analytics con statistiche dettagliate sui visitatori di un sito web
Lo inserisco sui siti web per avere statistiche dettagliate

#**Google Calendar** (*)
www.gopt.it/mpt/googlecalendar
Calendario on-line
Lo suo per ricordare gli impegni, sincronizzandolo con tutti i sistemi

#**Google Docs** (*)
www.gopt.it/mpt/googledocs
Documenti, Presentazioni e Moduli su Web
Molto utile per creare rapidamente fogli di word ed Excel direttamente sul web

#Google Drive (*)
www.gopt.it/mpt/googledrive
Storage sul cloud di file
Ci salvo molti documenti per averli sempre disponibili anche sul telefonino

#Google Gmail (*)
www.gopt.it/mpt/googlegmail
Servizio di posta elettronica
Il miglior servizio di posta elettronica gratuita sul web

#Google TagManager (°)
www.gopt.it/mpt/googletagmanager
Gestione evoluta di javascript e tag html
Lo uso per la gestione degli script su siti di grandi dimensioni

#Google Search Console(°)
www.gopt.it/mpt/googlewebmasters
Monitoraggio dei siti internet
Lo uso per verificare che sui siti funziona tutto correttamente

#Hootsuite
www.gopt.it/mpt/hootsuite
Piattaforma per la gestione simultanea dei diversi Social Network
Lo uso per gestire velocemente, in maniera centralizzata i diversi Social

#Hotjar (*)
www.gopt.it/mpt/hotjar
Registra il comportamento dei visitatori sul sito
Lo uso per analizzare la user experience dei visitatori

#Ifttt (*)
www.gopt.it/mpt/ifttt
Automatizza processi secondo diverse condizioni
Lo uso per sincronizzare alcuni servizi, risparmiando tempo

#**Issuu** (*)
www.gopt.it/mpt/issuu
Mostra file pdf sfogliabili come una rivista
Utile per mostrare in maniera interattiva file pdf all'interno dei siti

#**Iubenda** (°)
www.gopt.it/mpt/iubenda
Generatore di Privacy e Cookie Policy - per Siti
Lo uso per generare Privacy e Cookie per i siti web

#**Mailchimp** (*)
www.gopt.it/mpt/mailchimp
Consente la gestione di Newsletter
Lo uso per progetti semplici per l'invio di Newsletter

#**Messagenet**
www.gopt.it/mpt/messagenet
Servizio VOIP professionale
Lo uso per avere numeri di telefono VoIP, inviare fax da mail

#**Mindmeister** (*)
www.gopt.it/mpt/mindmeister
Creazione e gestione on-line di mappe mentali
Lo uso per generare diagrammi di flusso e mappe mentali

#**Monitis** (°)
www.gopt.it/mpt/monitis
Monitoraggio performance siti web
Utile per verificare che tutti i servizi ed i siti funzionano correttamente

#**Paypal** (*)
www.gopt.it/mpt/paypal
Invio e ricezione pagamenti on-line
Lo integro sui siti e-commerce per la vendita on-line

#**Pixabay** (*)
www.gopt.it/mpt/pixabay
Foto di alta qualità, illustrazioni e grafiche vettoriali. Gratuite
Utile per prendere foto carine gratuitamente

#Register (°)
www.gopt.it/mpt/register
Registrazione domini Internet, hosting e server virtuali e dedicati
Lo uso per hosting tipo Windows

#Roboform (°)
www.gopt.it/mpt/roboform
Salva tutte le password in modo centralizzato
Utilissimo per avere tutte le password sempre a portata di click

#Seranking (°)
www.gopt.it/mpt/seranking
Verifica il posizionamento delle keyword
Lo uso per controllare il posizionamento dei siti internet su Google

#Shinystat (°)
www.gopt.it/mpt/shinystat
Benchmarking web e controllo statistiche
Lo inserisco sui siti per avere statistiche complete

#Slack (*)
www.gopt.it/mpt/slack
Piattaforma di collaborazione aziendale
Ci comunico in modo efficace con i collaboratori

#Slideshare (*)
www.gopt.it/mpt/slideshare
Pubblica presentazioni on-line
Utile per pubblicare presentazioni PowerPoint sul web

#Sonosicuro
www.gopt.it/mpt/sonosicuro
AICEL - Associazione Italiana Commercio Elettronico
Lo uso per essere certo che sull'e-commerce sono presenti tutte le info legali

#Spreaker (*)
www.gopt.it/mpt/spreaker
Piattaforma per la creazione e distribuzione di file audio
Ci pubblico le interviste per i Podcast

#Sucuri (°)
www.gopt.it/mpt/sucuri
Piattaforma per garantire la sicurezza dei siti web
Utile per esser certi che i siti siano protetti e pulita da virus

#Upwork (°)
www.gopt.it/mpt/upwork
Freelancers da tutto il mondo
Lo uso per delegare alcune attività come la programmazione

#Wetransfer (*)
www.gopt.it/mpt/wetransfer
Gestisce file di grandi dimensioni
Invio file di grandi dimensioni fino a 2GB

#Wocommerce (*)
www.gopt.it/mpt/iubenda
Piattaforma open source per e-commerce
Lo uso per far siti e-commerce per dei clienti

#WordPress (°)
www.gopt.it/mpt/wordpress
La piattaforma più usata al mondo per fare siti internet
La uso per fare quasi tutti i siti internet

#Zopim (°)
www.gopt.it/mpt/zopim
Piattaforma per chat professionali
Utile per installare chat sui siti web

#Zapier (*)
www.gopt.it/mpt/zapier
Automazioni per web-app
Lo uso per risparmiare tempo usando automazioni sul web

App consigliate da installare sul tuo telefonino

Questo elenco non è esaustivo ma riporta alcune app che uso io ora (sono per dispositivi Apple, ma trovi le medesime o equivalenti per Android).

Non riporto le solite app note presenti su tutti i dispositivi (Facebook, WhatsApp, etc).

#Gmail
La uso per leggere la posta elettronica invece dell'applicazione nativa di Apple.

Mi piace la velocità, la semplicità nella gestione dei multi utente, la sincronizzazione con il mio account Google.

#RoboForm
Comoda per ricordare tutte le password, ed accedere ai siti con le password preimpostate.

Mi piace che si sincronizza con l'estensione che uso con Chrome, mi fa risparmiare tantissimo tempo evitando di ricercare sempre le password scritte non so dove.

#Drive
Utile per leggere, editare e salvare documenti tipo word, Excel, PowerPoint.

Puoi lavorare anche senza connessione, buona parte del libro l'ho scritta usando questa applicazione.

#Analytics Google
Controlla le statistiche del sito.

Mi piace le tante informazioni che si possono avere sempre a portata di mano.

#Inserzioni Facebook
La uso per vedere come vanno le campagne pubblicitarie su Facebook.

Mi piace poter monitorare e gestire le campagne di Facebook in mobilità, fa vedere anche ai miei clienti con la massima trasparenza le prestazioni degli investimenti fatti.

#Gestore delle pagine Facebook

Utile perché specifica per la gestione delle pagine aziendali.

Mi piace perché non crea confusione con il profilo personale di Facebook

Bibliografia

Bove L., Polliotto N., Ingredienti di Digital Marketing per la ristorazione, Dario Flaccovio, 2015.

Cialdini Robert B. , Le armi della persuasione, Saggi Giunti,2015.

Faè M., Sportelli A., Il succo del web marketing, Libreria strategica edizioni, 2017.

Fiabane N., Non Sembra Marketing: Romanzo, Autopubblicato, 2016.

Fioretti V., Il seo è morto, Autopubblicato, 2015.

Good R., Da brand a Friend, ROI Edizioni, 2017

Montemagno M., Codice Montemagno, Mondadori Electa, 2017.

Scarso S.G., Marketing del vino, Edizioni LSWR, 2017.

Sportelli A., La pubblicità su Facebook, Ulrico Oepli editore S.p.A., 2015.

Taverniti G., Seo power, Hoepli Editore, 2013.

Tinti F., La bibbia di Adwords, Giunti Editore, 2015.

Warrillow J., Built to Sell, Portfolio Editore, 2012.

Walker J., Launch,Simon & Schuster, 2014

Disclaimer

Ogni riferimento a persone o fatti realmente accaduti è puramente casuale, per le strategie di marketing descritte ed i metodi suggeriti per la realizzazione di siti Internet ed altre operazioni digitali, si consiglia, prima di applicarle per la propria attività, di valutarle e pianificarle con professionisti ed esperti del settore per trovare le soluzioni più adatte ad ogni realtà aziendale.

Il tuo parere è importante!

Questa è la prima edizione del libro, vista la natura degli argomenti trattati, aggiornerò periodicamente le diverse sezioni.

Se hai scaricato il libro in versione digitale come Ebook, dal tuo account Amazon, il libro si aggiornerà automaticamente.

Se vuoi contattarmi, chiedere chiarimenti e/o approfondimenti colleghi a questa pagina:

www.gopt.it/mpt/feedbackfabio

Ti risponderò in tempi brevi.

Grazie per il tempo che mi hai dedicato

Fabio Carucci